THÉORIE DES EXCUSES

EN

DROIT CRIMINEL

PAR

Arthur DESJARDINS,

Docteur en Droit, Licencié ès-lettres,

Avocat à la Cour Impériale de Paris.

THÉORIE DES EXCUSES

EN

DROIT CRIMINEL,

PAR

ARTHUR DESJARDINS,

Docteur en Droit, Licencié ès-lettres,

Avocat à la Cour Impériale de Paris.

1858

A M. DANJOU,

Président du Tribunal civil de Beauvais.

———

HOMMAGE DE RESPECTUEUSE AFFECTION.

ERRATA.

Page 26 : III, *au lieu de* II.

Page 60 : crimes commis par dol, *au lieu de* crimes par dol.

Page 104 : si c'est au bout de quinze ou vingt mois, *au lieu de* si c'est au bout de deux ou trois ans.

Page 106 : Jousse adopte, *au lieu de* J'eusse adopté.

Page 110 : 339 I. Cr., *au lieu de* 389 I. Cr.

Page 118 : à raison du fait incriminé, *au lieu de* à raison d'un fait incriminé.

Page 125 : le ministère public a le droit, *au lieu de* le ministère a le droit.

Page 145 : à l'appréciation discrétionnaire, *au lieu de* à l'appréciation discrétionnelle.

Page 160 : ils n'en restent pas moins soumis, *au lieu de* ils n'en restaient pas moins soumis.

Page 166 : est justifié si l'on n'a pas trouvé, *au lieu de* était justifié, si l'on n'avait pas trouvé.

Page 172 : (en note) la loi de 1832, *au lieu de* la loi de 1822.

INTRODUCTION.

CHAPITRE I.

PROLÉGOMÈSES.

I.

Réfutation d'un système historique sur les origines du droit pénal des Romains.

Les origines du droit criminel des Romains sont obscures. Mais on ne saurait méconnaître que Rome ait eu, de tout temps, des lois criminelles.

On a prétendu, sans doute, assimiler le droit criminel des Romains, pendant une longue période, aux lois grossières qui sortirent des forêts de la Germanie. L'existence des délits privés et des actions pénales privées a fait naître une théorie singulière, contredite par les faits, démentie par l'histoire. Il faut, ont dit ces jurisconsultes, diviser en deux périodes le droit pénal des Romains : dans la première, *les peines étaient purement pécuniaires*; dans la seconde, *on distingue l'indemnité de la peine* (1). On appuie ce système sur les habitudes de vengeance privée, communes à tous les peuples barbares. C'est une loi générale, a-t-on dit; les barbares de tous les temps se sont distingués par l'avarice et le mépris de la douleur. Leurs peines ont toujours été pécuniaires.

Aux conjectures répondons par des faits.

La loi des Douze Tables contenait plusieurs dispositions de droit pénal.

Quei. Fruges. Ecscantasit. Ceresei. Necator. On trouve des vestiges de ce fragment dans Pline, Sénèque, Apulée, saint Augustin et Servius. Le verbe *excantare*, d'après les interprètes, a deux sens; il signifie attirer les fruits de la terre, du champ d'autrui, dans le sien, par le moyen de quelque charme (2), et empêcher, par des paroles magiques, que les productions de la terre ne parviennent à leur maturité (3). Quant à la peine édictée par ces lois antiques (*Romanorum antiquissimis legibus supplicium constitutum*), elle n'offre aucun caractère pécuniaire.

Quei. Frucem. Aratro. Quesitam. Furtim. Nocs. Pa-

(1) Ce système a été récemment soutenu devant la Faculté de Droit de Paris.

(2) S. Aug. De civit. Dei VIII, 19.

(3) Senec. Natural. quæst. IV, 7.

vit (1). *Secuilve. Sei. Pubes. Escit. Suspensos* (2). *Ceresei. Necator. Sei. Impubes. Escit. Pretoris, Arbitratu.
Verberator Nocsamque. Duplione. Decernitod.* Pline nous
a conservé ce fragment au 3ᵉ chapitre du livre XVIII
de son *Histoire naturelle :* « Que celui qui va de nuit
» et furtivement égrener ou couper, dans le champ
» d'autrui, le blé et autres productions de la terre
» provenant de l'agriculture, s'il est pubère, soit dé-
» voué à Cérès et suspendu à un gibet; s'il est impu-
» bère, soit battu de verges à la volonté du préteur;
» et qu'ensuite il paie le double du dommage qu'il
» aura causé. »

Le mot *suspensus* est assez clair. Le coupable est encore immolé à la déesse de l'agriculture. Mais, dans ce
même texte, la réparation civile, l'action pénale privée nous apparaît distincte de la poursuite criminelle.
Cérès ne se contentait pas d'une indemnité.

Nous retrouvons au Digeste (3) un fragment du
Commentaire de Gaïus sur la loi des Douze Tables.
Gaïus nous apprend que les incendiaires sont chargés
de liens, battus de verges et brûlés, quand ils ont mis
le feu soit à une maison, soit à un monceau de blé posé
près de la maison. Cette première phrase du texte est,
sans doute, tirée de la loi des Douze Tables. L'assimilation du monceau de blé à la maison est un indice;
le commentaire que Gaïus se met à donner du mot
œdes, à la fin du texte, est une preuve.

---

(1) *Pavit* vient de *pavire.*
(2) Juste Lipse lit. *Sacratus Cereri verberator.*
(3) L. 9, De Incendio.

Horace nous apprend comment la loi des Douze Tables punissait les diffamateurs :

> .... Quin etiam lex
> Pœnaque lata, malo quæ nollet carmine quemquam
> Describi : vertère modum, *formidine fustis* (1)....

Cornutus (2) est encore plus précis : *Lege XII Tabularum cautum est ut fustibus feriretur, qui publicè inveheretur.*

Aulu-Gelle (3) rapporte qu'aux termes de la loi des Douze Tables, les faux témoins étaient précipités de la roche Tarpéienne. Enfin l'homicide volontaire était puni du dernier supplice.

Ces exemples suffisent à démontrer que les Romains, dès l'époque de la loi des Douze Tables, avaient un système de pénalité publique et savaient distinguer la poursuite criminelle de l'action pénale privée.

Je ne prétends pas néanmoins que les Romains aient organisé leur législation criminelle comme un peuple moderne, ni qu'ils aient pu l'asseoir sur les bases de la science et de la raison. L'idée de la vengeance privée perce à tout moment dans le système de la loi des Douze Tables.

L'injure légère était punie d'une amende de vingt-cinq as, qu'on payait non pas au trésor public, mais à la personne offensée. Aulu-Gelle raconte qu'un certain Lucius Neratius prenait plaisir à donner des soufflets

(1) Epistol., lib. II, ep. 1.
(2) In scholiis ad Persium.
(3) XX, 1.

aux passants; un esclave le suivait et comptait à chaque personne souffletée la somme de vingt-cinq as. C'était la meilleure critique de la loi.

Le texte suivant est encore plus connu.

Sei. Membrom. Rupit. Nei. Cum. Eo. Pacit. Taliod. Estod. Aulu-Gelle rapporte à ce propos une discussion qui s'élève entre Cécilius, jurisconsulte, et Favorinus, philosophe. Favorinus, s'attachant à démontrer l'iniquité du talion : quelle est donc, répond Cécilius, cette grande rigueur dont vous vous plaignez, si l'on ne vous fait que ce que vous-même avez fait à autrui, *surtout si vous avez la liberté de vous accommoder, et si vous ne subissez la peine du talion que parce qu'elle aura été, pour ainsi dire, de votre choix?* Le talion, la peine supprimée par voie de *composition*, voilà bien l'enfance du droit criminel !

Que conclure de ces faits et de ces textes?

L'idée d'une poursuite criminelle, indépendante des délits privés et des peines pécuniaires, n'était pas inconnue aux Romains.

Est-ce à dire que les Romains eussent assis leur pénalité sur une base scientifique? La peine était-elle fondée sur la justice combinée avec l'intérêt social? Non sans doute.

Mais chez les nations les moins civilisées, le sentiment instinctif et confus du danger social domine la législation criminelle. C'est donc un fait bizarre, anormal, extraordinaire que la substitution des réparations civiles à la pénalité publique, érigée en système.

Il arrivera donc rarement que les crimes les plus

dangereux pour le corps social aboutissent purement
et simplement à ces réparations civiles.

Mais comme nous n'avons trouvé qu'un sentiment
instinctif et confus chez le législateur, l'idée de la vengeance privée prendra sa place dans les lois. La société
se dira souvent : « Pourquoi punirais-je, quand la victime elle-même est satisfaite? » La société se trompera.

Mais plusieurs raisons fortifieront son erreur.

On ne manquera pas d'invoquer certains principes
d'humanité qui poussent à remplacer les peines corpo-
relles par les peines pécuniaires.

Cette peine pécuniaire, il semblera plus simple de
l'attribuer à la personne lésée qu'à la société tout entière. La peine une fois infligée, même au nom du corps
social, on trouvera naturel d'en faire profiter la victime.

D'ailleurs, même aux yeux de l'équité, si l'*indemnité*
ne s'évalue que d'après le dommage matériel éprouvé
par la victime, le délit lui a causé, en outre, mille souf-
frances morales qui n'entrent pas dans l'évaluation de
l'*indemnité proprement dite*. Il est équitable de réparer
ce genre de dommage et d'accorder un surcroît d'indemnité, d'un caractère tout spécial.

II.

Judicia populi. Instances publiques. Instances extraordinaires.
Actions populaires. Actions pénales privées.

Je n'ai pas voulu faire l'histoire du système répressif
organisé par la loi des Douze Tables : je ne veux pas

faire l'histoire des juridictions criminelles. Mais je dois, avant d'examiner la pénalité proprement dite et les modifications de la pénalité, jeter un coup-d'œil sur la procédure et sur les tribunaux criminels de Rome.

J'ai fait remonter l'origine de la *poursuite criminelle* proprement dite au berceau de la législation. Dans les temps les plus reculés, en effet, nous retrouvons une juridiction criminelle, attribuée au souverain. J'entends par *souverain* le *peuple*, le *populus*, c'est-à-dire, les Comices par curies. C'est une première époque. Ensuite, le souverain, c'est 'e peuple assemblé dans les Comices par centuries : voilà le juge suprême en matière criminelle.

Mais le peuple, soit à la première époque, soit à la seconde, ne pouvait pas se réunir à chaque moment pour exercer le pouvoir judiciaire. Il délégua ses droits, d'abord au Prince, ensuite aux Consuls. Jusqu'à quel point et dans quelles matières se réserva-t-il le droit de juger sur appel ? C'est un problème historique insoluble. Ce qu'on ne saurait mettre en doute, c'est que les Comices par centuries, quelque temps après la révolution de l'an 510 (1), intervinrent, par eux-mêmes et par délégation, dans l'exercice journalier du pouvoir judiciaire en matière criminelle. La juridiction qu'exerçaient par voie de délégation les *quæsitores parricidii* remonte à la plus haute antiquité. Le droit du peuple en cette matière était si bien reconnu que le Sénat lui-

(1) Sous le consulat de Valérius Publicola, s'il faut en croire Denys d'Halicarnasse.

même, en principe, ne pouvait désigner des juges criminels sans une délégation spéciale (1).

Il faut bien distinguer, pour avoir une idée nette de
la législation criminelle des Romains :

1° Les *judicia populi*; 2° les *judicia publica*; 3° les
cognitiones extraordinariæ; 4° les actions populaires;
5° les actions pénales privées.

Judicia populi.

Le peuple est le juge suprême. C'est le *maximus co-
mitialus* qui, seul, peut statuer sur les affaires capitales.
Cicéron se plaint que Clodius ait enfreint les lois en le
faisant condamner dans les Comices par tribus.

Mais quels crimes le peuple jugeait-il par lui-même?
Il est impossible d'établir sur ce point une règle précise.
Toutes les fois qu'un magistrat supérieur, tel que le
Consul ou le Préteur, voulait accuser devant les Co-
mices par centuries, le peuple était compétent.

Mais les magistrats supérieurs n'allaient pas occuper
le peuple d'affaires insignifiantes. On ne déférait guères
au jugement direct des Comices que les causes politiques et singulièrement les crimes de majesté, de péculat et de concussion. Rien de plus indéfini, comme
on sait, que le premier de ces crimes : conjurations
contre la république, révolte contre les magistrats, attentats contre la religion, imprécations contre le peuple
romain, défaites imputables aux généraux, tout cela
rentrait dans les crimes de majesté. Le magistrat mon-

(1) Tite-Live nous en a conservé la formule, XXXVIII. 54.

tait à la tribune aux harangues, après avoir fait appeler
le peuple par le crieur public, et de cette tribune il
ajournait l'accusé à comparaître devant les Comices.

A côté des *judicia populi* mettons les *judicia plebis* (1).
Les Comices par tribus ne pouvaient pas juger les causes
capitales; on n'y prenait connaissance que des causes
où il s'agissait de condamner à une amende pécuniaire.
Ces assemblées étaient alors convoquées par les magistrats inférieurs.

A la fin de la République, les assemblées du peuple,
jugeant au criminel, tombaient chaque jour en désué-
tude; elles disparurent sous l'Empire.

Quant au Sénat, il ne pouvait dans le vieux droit public, ni exercer, ni déléguer, sans le concours du peuple,
le pouvoir judiciaire. Des historiens croient qu'il fut
dérogé à cette règle pour le crime de concussion (2).
Ils se fondent sur un texte de Tite-Live (3) qui raconte
que, sur les plaintes des Espagnols, le Sénat donna ordre au gouverneur Canuleius de nommer cinq juges
pour l'examen des concussions dont les magistrats Romains s'étaient rendus coupables dans cette province.

Judicia publica.

Tous les crimes ne se jugent pas devant les tribunaux
publics, dit le jurisconsulte *Macer*; on n'y juge que
ceux qui, par la loi, ont été attribués à tel ou tel tribunal.

(1) Tite-Live, IV, 41; XXV, 4.
(2) D'autres ajoutent : pour certains délits religieux.
(3) X, 4; III, 2.

Ainsi furent organisées les *instances publiques*. On institua des tribunaux permanents pour juger les crimes. Mais le législateur se garda bien de les investir de la plénitude du pouvoir judiciaire : le souverain retint tout ce qu'il ne déléguait pas. On confia certaines fractions de la juridiction criminelle à des commissions spéciales. C'est ainsi qu'une loi votée en l'an 604 de Rome, sur l'initiative de Calpurnius Piso, confia la connaissance du crime de concussion à un préteur particulier. Chacun des crimes les plus graves eut peu à peu son tribunal, son code, sa procédure et sa pénalité particulières.

Les quatre premiers tribunaux publics furent établis pour la recherche des crimes de majesté, de brigue, de concussion et de péculat. Des six préteurs, quatre présidèrent ces commissions nouvelles. Sylla, pendant sa dictature, établit de nouveaux tribunaux pour rechercher les empoisonneurs *(de veneficiis)*, les assassins *(de sicariis)*, les faussaires *(de falsis)*, les corrupteurs des juges et les juges corrompus *(de corrupto judicio)*. Les lois Juliennes créèrent de nouvelles instances pour réprimer les violences publiques et particulières, les parjures et les adultères *(Leges Juliæ de vi publicâ, de vi privatâ, de perjuriis, de adulteriis)*. Du reste, les lois qui créaient des instances publiques, étaient sans cesse abrogées ou modifiées par des lois nouvelles.

Ainsi pour le crime de majesté. Sylla vint après Apuleius, et reconstitua le tribunal, étendit la définition du crime, fit prononcer l'*aquæ et ignis interdictio* contre les condamnés. Jules César renouvela la loi

Cornélienne en supprimant le droit d'appel (1). Auguste alla plus loin encore. On sait enfin comment les Empereurs enveloppèrent dans cette accusation tous ceux qu'ils voulaient perdre. On augmentait en même temps la rigueur des peines.

Au temps où se vendaient les suffrages, on multiplia les lois sur la brigue. Dion Cassius nous apprend qu'Auguste interdit pendant cinq ans toute candidature aux coupables et les frappa d'une certaine amende. Mais quand les derniers vestiges du gouvernement républicain furent effacés, la brigue ne put s'exercer que dans les colonies et les municipes. La peine était une amende de cent pièces d'or et l'infamie. Modestin (2) énumère, dans son Traité des peines, les autres chefs de la loi Julia *de ambitu*, que l'usage n'avait pas encore abrogés.

Le péculat, c'est le vol des deniers publics. Jules César déféra le péculat, le *de residuis* et le sacrilège à l'examen de la même commission. Les attributions de ce tribunal étaient fort étendues (3).

La poursuite des concussionnaires fut organisée par les lois Calpurnia, Junia, Servilia, Acilia, Cornelia, Julia. La répression fut assez molle sous la République, plus sévèrement organisée par les Empereurs. Les différents chefs de cette loi sont énumérés au Digeste.

Sylla fit juger par une seule commission les assassins, les faussaires, les empoisonneurs, les juges cor-

---

(1) Cic. Phil. I, 9.

(2) V. D. Ad Legem Juliam ambit.

(3) V. de Beaufort. Des tribunaux publics. D. Ad legem Juliam pecul.

rompus. Plus tard on démembra ce tribunal. Les assassins furent renvoyés devant la commission créée pour informer contre les violences publiques. Cette nouvelle commission, instituée par Plautius, renouvelée par Catulus, par Jules César et par Auguste, fut appelée à juger divers chefs qui rentraient auparavant dans le crime de majesté. Les violences privées furent de la compétence d'un autre tribunal. Ceux qui avaient empêché la comparution d'un accusé en justice, ou qui avaient mis l'esclave d'autrui à la torture, ou qui dépossédaient une personne de son bien sans y employer les armes, etc., etc., étaient coupables de violence privée.

L'origine de la loi *Fabia de plagiariis* est obscure : elle punissait ceux qui avaient recélé, mis ou tenu dans les fers, vendu, donné ou acheté un citoyen romain ingénu ou affranchi; ou même un esclave d'autrui sans le consentement de son maître (1).

Enfin, Auguste établit une instance publique contre les adultères. La loi *Julia de adulteriis* fut modifiée par les successeurs de ce prince, qui augmentèrent la rigueur des peines.

Avons-nous énuméré toutes les instances établies sous la République et sous l'Empire pour la répressions des crimes? Cette énumération nous semble impossible. D'ailleurs, il nous suffit d'avoir indiqué l'esprit général de cette institution. « Au lieu des missions » données pour chaque cause, ou pour certains dé-» lits, commis en telle occasion, en telle localité, sans

_____
(1) Paull Sentent, V, 30.

» précision législative des conséquences de la ques-
» tion ; au lieu de ce système incertain et arbitraire,
» une loi spéciale pour chaque délit (par exemple,
» une loi pour le délit de brigue, une autre pour ce-
» lui de concussion, et ainsi de suite) organisa une
» délégation perpétuelle *(quæstio perpetua)* ; c'est-à-
» dire qu'elle définit le délit, qu'elle en précisa la
» peine, et qu'elle détermina l'organisation d'une
» sorte de tribunal à qui elle en délégua pour toujours
» la connaissance *(quæstio perpetua)* (1). »

Mais que l'énumération soit ou non complète, on
peut néanmoins juger le système. Le système paraît
d'abord étrange. Ces attributions limitativement déterminées, ces délégations partielles de juridiction ne
laissent-elles pas un nombre de cas infini en dehors
des prévisions du législateur ? Le système est moins
vicieux qu'on ne pourrait le croire ; et les tribunaux
publics, en définitive, connaissent d'un très-grand
nombre de crimes. Chaque titre du livre quarante-
huitième des Pandectes en offre la preuve. Par exemple, je lis dans le Commentaire de Marcien, sur la loi
Julia de vi publicâ :

*Lege Juliâ de vi publicâ tenetur, qui arma, tela, domi
suæ, agrove, in villâ, præter usum venationis, vel itineris,
vel navigationis coegerit.* Voilà un premier chef.

*In eâdem causâ sunt, qui turbæ seditionisve faciendæ
consilium inierint, servosve aut liberos homines in armis
habuerint.*

Eâdem lege tenetur, qui pubes cum telo in publico fuerit.

(1) Ortolan. *Histoire de la Législation romaine*, 2ᵉ éd., p. 219.

*In eâdem causâ sunt qui pessimo exemplo convocatâ sedi-
tione villas expugnaverint , et cum telis et armis bona ra-
puerint.*

*Item tenetur qui ex incendio rapuerit aliquid præter
materiam.*

*Præterea punitur hujus legis pænâ qui puerum, vel
fæminam , vel quemquam per vim stupraverit.*

Voilà un nouveau chef, bien différent des autres. Je
me dispense de citer les deux derniers paragraphes de
la L. 3. *Ad legem Juliam de vi publicâ ;* mais la dernière
loi du titre nous offre un nouvel exemple, tout-à-fait
inattendu : *Qui nova vectigalia exercent, lege Juliâ de
vi publicâ tenentur.* C'est ainsi que les crimes de castration, l'avortement et l'incendie rentrent dans le
système de procédure organisé par la loi *Cornelia de
Sicariis,* et que les fonctionnaires qui ont déserté leur
emploi à prix d'argent tombent sous le coup de la loi
Julia repetundarum. Ce n'est pas un crime, mais tout
un ordre de crimes qu'on déférait à chaque commission permanente.

Néanmoins, nous verrons tout à l'heure que le législateur, tantôt à dessein, tantôt sans dessein, réservait une autre procédure à d'autres délits.

La destinée des *judicia publica*, où la sentence était
rendue par les juges citoyens, était facile à prévoir.
Maintenues au commencement de l'Empire, les instances publiques furent peu à peu modifiées, devinrent
chaque jour plus rares, et, sous Domitien, n'existaient
guères plus que de nom (1). Néanmoins, en ces ma-

(1) Suet. *Domit.* 8. — Id. *Claud.* 12.

tières, les lois de Sylla, de César et d'Auguste restèrent toujours les lois criminelles fondamentales. Les procès criminels, quoique instruits et jugés *extra ordinem*, conservaient le nom de *judicia publica* quand il s'agissait d'un délit prévu par les lois constitutives des instances publiques.

Cognitiones extraordinariæ.

Dans la législation romaine, on explique les lois nouvelles par les lois anciennes, les institutions impériales par les institutions républicaines, le despotisme par la liberté.

Les *cognitiones extraordinariæ*, qui absorbèrent les *instances publiques*, ont leur source dans le principe de la souveraineté populaire poussé à l'extrême ; le législateur, jaloux de réserver à l'assemblée du peuple le dernier mot, établit ce principe qu'en matière criminelle la puissance de juger résidait dans le peuple toutes les fois qu'une délégation spéciale ne la lui aurait pas enlevée. Nous avons déjà parlé des *judicia populi* ; mais, dans bien des cas, le peuple ne pouvait juger par lui-même des crimes non prévus par les lois constitutives des instances publiques. C'est pourquoi, à côté des délégations permanentes, nous trouvons des délégations transitoires, *déterminées* pour une affaire, au sénat, aux consuls, aux préteurs ou à des *quæstores* particuliers.

Voilà les *cognitiones extraordinariæ* de la République ; le sens du mot change sous l'Empire. Il y a établissement d'une *cognitio extraordinaria* toutes les fois qu'on

enlève la poursuite et le jugement d'un crime aux juges
citoyens pour créer une procédure exceptionnelle. On
donne au sénat la connaissance des crimes de ses membres ; c'est une instance *extraordinaire* ; plus tard, on
lui confie la répression du crime de lèse-majesté (1) ;
le préfet de Rome exerce une certaine juridiction (2) ;
l'empereur juge d'abord sur appel ; plus tard, en premier et en dernier ressort ; plus tard encore, s'élève
la juridiction du préfet du prétoire ; enfin, sous Dioclétien, le *consistorium principis* est investi de la juridiction suprême : la justice criminelle passe tout entière aux mains des agents du pouvoir impérial. Les
préfets du prétoire, le président de la province, les
défenseurs des cités au-dessous d'eux jugent les crimes
et leur appliquent les peines édictées par les lois. Ainsi
se développe le système des *cognitiones extraordinariæ*.

Actions populaires.

Tandis que dans les instances extraordinaires l'*action*
était réservée aux parties intéressées, quand l'intérêt
public n'était pas en jeu, c'est-à-dire quand le délit
ne portait pas une atteinte grave à la paix publique (3),

(1) Sous Tibère.

(2) Sous Néron.

(3) Pothier exprime sa doctrine sur ce point avec sa clarté ordinaire :
« Prætereà cùm in publicis judiciis quilibet e populo ad accusandum
» admitteretur, contra probabile est in extraordinariis cognitionibus
» plerosque non fuisse admissos, nisi eos quorum intererat : certè hoc
» constat de quibusdam, ut de crimine *Expilatæ hereditatis*. Fatendum
» tamen, in quibusdam ex illis cognitionibus quæ ad statum Reipublicæ
» pertinerent, qualis est illa quæ de Nili aggeribus ruptis competit,
» quoslibet ad accusandum admissos fuisse. »

tout citoyen capable de postuler avait le droit d'intenter les actions populaires : en cas de concours, on préférait la partie intéressée ; mais alors l'action changeait de caractère : on n'exigeait plus la capacité de postuler. C'est ainsi que la femme et le pupille pouvaient intenter l'action populaire, quand leurs intérêts étaient en jeu (*cùm res ad eos pertineret*).

Les actions populaires étaient portées devant le préteur, suivant la forme ordinaire ; elles avaient pour résultat une condamnation pécuniaire.

Mais quel genre de condamnation pécuniaire ? Au profit du Trésor ou de la partie lésée ? L'action populaire n'a-t-elle que ce trait de ressemblance avec l'action publique : toute personne a le droit de l'intenter ? On le décide ordinairement et sans restriction. Voici sur ce point la doctrine de Pothier : Quand Paul dit que ces actions ne peuvent pas compter dans le patrimoine, il se place avant la *litis contestatio* ; car Ulpien dit formellement que celui qui intente l'action populaire commence à devenir créancier après la *litis contestatio*. L'action populaire compète à tous, ajoute-t-il dans une note ; mais la dette née de cette action appartient au premier occupant, alors qu'il aura fait tomber dans son patrimoine un droit qui résidait dans le patrimoine de tous. Celui-là seul, qui avait un intérêt direct à la poursuite, est créancier avant la *litis contestatio*.

La doctrine de Pothier n'est pas vraie dans tous les cas. Elle est au moins une fois démentie par la loi 25, § 2. *De S. C. Silaniano :* Celui qui ouvre le testament

2

d'une personne assassinée avant que les esclaves aient été mis à la question, tombe sous le coup du sénatus-consulte. *Palam est autem popularem actionem esse*, dit Gaïus, *cujus pœna in C aureos ex bonis damnati extenditur : et inde partem dimidiam ei, cujus opera convictus erit, præmii nomine se daturum prætor pollicetur, partem in publicum redacturum.*

Les principales actions populaires sont énumérées par Pothier dans son commentaire du livre XLVII des Pandectes. Ce sont les actions *de sepulcro violato*, *de termino moto*, *de albo corrupto*, *de dejectis et effusis*, *de tabulis testamenti apertis.*

Actions pénales privées proprement dites.

Nous ne cherchons qu'à mettre en relief les caractères saillants de la législation criminelle des Romains. Fidèle à notre plan, nous exposerons à grands traits le système des actions pénales privées proprement dites, qui fait le dernier tableau.

Les Institutes, qui jusqu'au dernier titre exclusivement, sont un traité de droit civil divisent en trois classes les actions nées de délits;

Les premières tendent à poursuivre une peine ;

Les secondes embrassent la peine et la restitution ;

Les dernières n'ont trait qu'à la restitution. Nous laissons de côté cette troisième classe.

Nous avons étudié l'origine historique des actions pénales privées. La poursuite aboutit, pour la seconde classe de ces actions :

1° A l'indemnité proprement dite; 2° A un surcroît

d'indemnité, d'une nature particulière, renfermant une amende calculée sur la valeur du préjudice, et attribuée à la personne lésée. Dans la première classe d'actions pénales, il faut écarter l'indemnité proprement dite, qui fait l'objet d'une poursuite spéciale.

L'*actio furti* est une action pénale privée de la première classe. Mais, parce qu'elle a pour but exclusif l'application d'une peine pécuniaire, elle laisse subsister, outre la *rei vindicatio* et l'action *ad exhibendum*, une *condictio furtiva* dont le but est de faire condamner personnellement le voleur à restituer la chose avec tous ses accessoires, sinon à payer tous dommages-intérêts au propriétaire.

Au contraire, l'action *vi bonorum raptorum* est de la seconde classe. *In quadruplo inest et rei persecutio; ut pœna tripli sit*, disent les Instituts.

Le nom de *delicta* paraît réservé à certains méfaits, prévus et caractérisés par l'ancien droit civil. *Furtum.* — *Rapina.* — *Damnum injuriâ datum.* — *Injuria.* Dans les autres cas, on dit que l'obligation est produite, non par un délit, mais comme par un délit (*quasi ex delicto.*) L'action pénale privée rentre alors dans une des trois classes ci-dessus énoncées, selon les prévisions de l'édit.

Mais on conçoit facilement que ces actions pénales privées, qui occupent une si grande place dans les Instituts, n'occupent qu'une petite place dans l'ensemble de la législation criminelle des Romains.

D'ailleurs, malgré leur caractère spécial et les traits distinctifs qui les séparent des actions civiles en indemnité, l'existence des actions pénales privées n'empêche pas nécessairement la poursuite criminelle.

II.

Concours de l'action privée et de la poursuite criminelle proprement dite.

Laissons de côté la théorie du concours des actions privées, quelle que soit leur nature : nous nous occupons seulement du concours de l'action privée et de la poursuite criminelle proprement dite.

La théorie de Pothier sur ce point est singulièrement obscure et confuse.

Pothier traite d'abord du concours de l'action privée avec l'*instance publique*, en second lieu du concours de l'action privée avec l'*instance extraordinaire* quand la poursuite criminelle compète exclusivement à la personne lésée. Dans le premier cas, il introduit des distinctions contredites par les textes, et concilie ces textes en torturant le sens grammatical du mot *præjudicium*. En vain la loi romaine emploie toujours la même expression : *præjudicatur*; cela veut dire tantôt « la voie est fermée, » et tantôt « la voie est ouverte » au cumul des actions, selon que l'exige la théorie de Pothier. Dans le second cas, le cumul serait impossible.

M. de Savigny traite fort brièvement la question : il se contente d'exclure le concours de l'action pénale privée et de la poursuite criminelle, en ce qui concerne 1° l'*actio furti*, 2° l'*actio injuriarum*.

Mais les antinomies des textes sur cette matière ne semblent guères embarrasser ces deux jurisconsultes.

Prenons une à une les actions pénales privées.

Actio furti. La poursuite criminelle exclut-elle l'*actio furti?* Oui, d'après Julien (l. 56, §. 1, *De furtis).* L'action pénale privée exclut-elle la poursuite criminelle ?

Oui, d'après le jurisconsulte Paul (l. 4, *De publicis ju-diciis).* Julien s'appuie sur ce motif, que le *fur* est assez puni par les périls de la poursuite criminelle; Paul est plus concis : *De re familiari agitur.* C'est, avant tout, une question d'intérêt pécuniaire et privé.

Cette théorie est formellement contredite au Code par la loi unique *Quando civilis actio.* La Constitution des empereurs Valens, Gratien et Valentinien tranche une controverse et pose un principe : *Quoties de re fa-miliari et civilis et criminalis competit actio, utráque licere experiri.* Ces mots *de re familiari* doivent s'entendre ainsi : Quand il y a lieu d'intenter à la fois l'action publique et l'action privée *pour une violation du patrimoine* ou *pour une lésion d'intérêt pécuniaire et privé.* Les actions peuvent donc se cumuler.

Actio vi bonorum raptorum. L'action pénale privée exclut-elle la poursuite criminelle? Oui, d'après Paul, parce qu'il s'agit encore ici d'un intérêt pécuniaire et privé (l. 4, *De publ. jud.).* C'est aussi la solution d'Ulpien (l. 2, § 1, *Vi bonorum raptorum).* Ce dernier texte mentionne une controverse. Sans doute, on avait peine à voir dans ce délit consommé avec violence une simple question d'intérêt pécuniaire et privé. Toutefois il nous semble qu'il est encore dérogé à la théorie des jurisconsultes par la loi unique *Quando civilis actio.*

Actio legis Aquiliæ. L'action pénale privée exclut-elle la poursuite criminelle? Ici les jurisconsultes sont divisés. Gaius (III, 213) semble bien donner *seulement* le choix entre les deux actions (*liberum arbitrium*). Paul, à coup sûr, n'admet pas le cumul (l. 4 *De publ. jud.).* Ulpien l'admet très-positivement (l. 23, § 9, *Ad legem*

Aquiliam). Justinien, dans ses *Institutes*, altère la phrase de Gaius, supprime le mot *arbitrium*, et remplace la disjonctive *vel* par la conjonctive *et*. Voici la *théorie générale* d'Ulpien : Dans notre matière le cumul existe, pourvu que l'action pénale privée n'ait pas absolument le même but que la poursuite criminelle. Or, Ulpien suppose qu'un esclave vient d'être tué. L'*actio legis Aquiliæ* n'a trait qu'à l'indemnité; mais il faut châtier un *meurtre!* L'action pénale privée n'arrête pas la poursuite criminelle.

Actio injuriarum. Jamais de cumul. C'est l'avis de Paul (l. 6 *De injuriis*), car il ne voit en jeu, dans l'espèce, qu'un intérêt privé. C'est l'avis d'Ulpien; car, en définitive, la victime d'une injure agit toujours *ut vindicetur, non ut damnum sarciatur*. Le but est atteint quand, d'une façon ou d'une autre, l'auteur de l'injure est condamné. Cette fois, au moins, les jurisconsultes sont unanimes.

IV.

Pénalité.

Les peines, dans le droit Romain, peuvent être ainsi divisées : 1° peines capitales; 2° peines non capitales.

Peines capitales.

On nomme peines capitales celles qui portent atteinte au *caput* du citoyen Romain, en le privant soit de la vie, soit de la liberté, soit de la cité. Les peines capitales sont :

1° La peine de mort;

2° La peine des mines;

3° L'esclavage ;

4° L'interdiction de l'eau et du feu ;

5° La déportation ;

6° Les travaux forcés à perpétuité.

Peine de mort. Les sacrilèges, les faux témoins, les esclaves coupables de vol manifeste, etc., sous l'empire de la loi décemvirale, étaient frappés de mort. Cette peine fut attachée au crime de lèse-majesté par Tibère, au sacrilège par Alexandre Sévère ; à l'assassinat, du temps de Paul et d'Ulpien ; à l'adultère et à la violence par Constantin, enfin au péculat par Théodose (1).

Mines. Le jurisconsulte Paul nous apprend que l'on condamnait aux mines les gens de basse condition qui se rendaient coupables des crimes de fausse monnaie, de violence privée, d'incendie, de *vaticinatio*, etc., etc. (2). Cette peine était perpétuelle. Les condamnés *in opus metalli* étaient chargés de chaînes plus lourdes que les condamnés *in metallum.*

Esclavage. Le condamné, que la perte de la liberté atteignait directement, entrait dans la catégorie, non des *servi pœnæ*, mais des esclaves ordinaires.

Les *incensi*, d'après Denys D'Halicarnasse (3), ceux qui voulaient échapper au recrutement des légions, d'après Suétone (4) étaient vendus comme esclaves. Le sénatus-consulte Claudien prononçait la perte de la li-

(1) L. 4, 5, 6. FF. Ad legem. Jul. pecul. — Paul Sentent. V, XXIII, §. 1. — L. 40. C. Ad leg. Jul. De adulteriis. — L. 6. C. Ad legem. Jul. De vi publicâ, etc., etc.

(2) Paul Sent. V, XXV, 1, XXVI, 3, XX, 2, 5, XXI, 4, etc.

(3) IV.

(4) *August.* 24.

berté à titre de peine contre la femme libre qui entretenait un commerce avec l'esclave d'autrui, malgré trois avertissements du maître et contre ceux qui connaissant leur état d'homme libre s'étaient laissés vendre *ad participandum pretium.* L'ingratitude des affranchis envers leurs patrons fut aussi punie de la servitude (1).

Interdiction de l'eau et du feu. C'était l'exil ; mais comme c'est un principe du droit public Romain que nul citoyen ne peut perdre la cité *nisi ipse auctor factus sit* (2), on interdit au coupable l'eau et le feu, c'est-à-dire, les choses nécessaires à la vie, ce qui l'oblige à quitter l'Italie, à s'installer dans une cité nouvelle, à perdre en fait et comme à la suite d'une abdication le titre de citoyen. Cette peine fut prononcée contre les auteurs des crimes de brigue, de violence publique et de violence privée.

Déportation. Livie inspira ce nouveau châtiment à l'empereur Auguste (3). Les anciens exilés dispersés sur le territoire de l'Empire, pouvaient se réunir et conspirer ; l'ancien principe, que le citoyen devait abdiquer lui-même la cité, n'était plus qu'un souvenir : on *déporta,* c'est-à-dire, on enferma dans un lieu déterminé. L'inceste (4), le faux commis par les *honestiores* (5), etc., etc., étaient punis de la déportation.

Travaux forcés à perpétuité. Marcien *(l. 17, § 1, De*

(1) Tacit. Annal. III.
(2) Cicéron.
(3) Dio Cassius 4, VI.
(4) Paul Sent. II, XXVI, 15.
(5) Paul Sent. V, XXV, 1.

pœnis), après avoir parlé des *servi pœnæ (ut sunt in metallum dati),* ajoute : *Item quidàm servi sunt, hoc est,
sine civitate : ut sunt in opus publicum perpetuo dati et in
insulam deportati.* Ce texte établit nettement la distinction ; les condamnés aux mines perdent la liberté et la
cité ; les condamnés *in opus publicum* ne perdent que la
cité.

Peines non capitales.

Elles peuvent ainsi se diviser :

1° Relégation ;

2° Amendes ;

3° Châtiments corporels ;

4° Incapacités établies à titre de peine.

1° La relégation pose des limites au droit de loco-
motion, et restreint les droits politiques ; mais à la
différence du déporté, le relégué ne subit même pas la
media capitio deminutio : suum statum integrum retinet,
comme dit Pomponius. Les lois *Julia de adulteriis, Pompeia de parricidiis, Julia de vi privatâ* appliquaient cette
peine (1).

2° L'amende *(mulcta),* fut limitée, dans les premiers
temps de la République, d'abord à deux brebis et trente
bœufs, ensuite à un peu plus de 3,000 as (2). Plus
tard, au contraire, on laissa toute la liberté au juge :
c'est même un des traits distinctifs de cette pénalité
pécuniaire, comme le fait remarquer la loi 244 *De
Verborum significatione :* l'amende était souvent appli-

(1) L. 25 de quæst., I. 2 de leg. Pomp., Paul Sentent. V, XXVI § 5.
(2) Aul. Gell. XI, 1. — Festus V° Mulcta.

quée à certains délits par des lois spéciales, par exemple les lois *Fabia de plagio* (1), *Acilia Calpurnia de ambitu* (2), etc, etc.

3° Les principaux châtiments corporels étaient les travaux forcés à temps, la *vinculorum verberatio* et les *verbera*. Le jurisconsulte Callistrate nous donne un exemple d'une condamnation à deux ans de travaux forcés (3); Callistrate, dans un autre texte (4), les classe parmi les peines qui, tout en entraînant une flétrissure, laissent intacte la qualité de citoyen. Quant à la *vinculorum verberatio*, c'était un châtiment à part qui consistait à être détenu temporairement dans un cachot où le condamné devait, en outre, être fustigé (5). Enfin, sous la dénomination générale de *verbera*, nous comprenons la *fustium admonitio*, la *flagellorum castigatio*, etc. Callistrate range la *fustium verberatio* parmi les peines non capitales; il a bien soin d'ajouter que les personnes d'un certain rang (*honestiores*), échappent à cette peine (6).

4° Certaines incapacités frappaient le condamné dans ses droits politiques, d'autres le frappaient dans ses droits civils.

Exemples : Les *honestiores* qui ont abattu pendant

---

(1) Collat. leg. Mos. XIV, 2.

(2) Dio Cass. XXXVI, 20.

(3) L. 2, *De termino moto*.

(4) L. 28, § 1. De pœnis. Nous suivons la version de la Vulgate.

(5) Humbert. Des conséquences des condamnations pénales, Cf. 1. 7. De pœnis.

(6) L. 28, § 1 et 2. De pœnis.

la nuit des arbres fruitiers peuvent être expulsés du
Sénat (*Paul. Sentent. V, XX, § 6*).

La loi *Julia repetundarum* prononçait l'exclusion du
Sénat. (*Arg., l. 2. De senatoribus*).

La *motio ab ordine* peut être prononcée *extra ordinem*
contre les accusés de stellionat (*l. 3, § 2. Stelliona-
tus*), etc, etc.

Passons aux déchéances purement civiles, et citons
seulement ce texte d'Ulpien : *Sunt autem et aliæ
pænæ, si negotiatione quis abstinere jubeatur, vel ad con-
ductionem eorum quæ publicè locantur accedere, ut ad vectigalia publica*.

Ce tableau rapide du système de pénalité des Romains
termine nos prolégomènes.

CHAPITRE II.

DES PRINCIPALES CAUSES D'EXEMPTION OU D'ATTÉNUATION DES PEINES DANS LA LÉGISLATION CRIMINELLE DES ROMAINS.

I.

Influence de l'âge sur la culpabilité et sur la pénalité.

La loi des Douze Tables avait admis l'influence de
l'âge sur la pénalité. Pline (1) nous a conservé un chef
de la loi, où la peine de mort est prononcée contre
ceux qui, de nuit et furtivement, vont égrener ou
couper le blé dans le champ d'autrui ; les impubères
sont battus de verges.

(1) *Natural. Histor.* XVIII. 3,

Le progrès du système des *cognitiones extraordinariœ* laissait chaque jour davantage à l'appréciation des magistrats. Dans presque toutes les affaires criminelles, dit le jurisconsulte Paul, on tient compte de l'âge (1), *œtati succuritur*. Comment donc concilier ce texte avec la phrase d'Ulpien : « *In delictis minoribus non subveniri*? » Le mineur de vingt-cinq ans, en pareille matière, devait-il avoir le bénéfice de la *restitutio in integrum*? Son délit devait-il être réputé non avenu? Transporterons-nous dans le droit pénal les règles du droit civil?

La règle est posée par Tryphoninus dans la loi 37, § 1 de *Minoribus* : Pas de *restitutio in integrum* : le mineur n'a d'espoir que dans la pitié du juge, qui pourra diminuer la peine. Ici le jurisconsulte s'arrête spécialement au crime d'adultère, et déclare le mineur non excusable; la loi *Julia de adulteriis* doit être appliquée dans tous ses chefs au mineur de vingt-cinq ans.

Sévère et Caracalla consacrèrent cette doctrine par un rescrit (2) : L'âge n'excuse pas le mineur coupable, disent les empereurs. Mais ils se hâtent de poser une restriction : Si le délit n'est pas intentionnel, il faut venir au secours du mineur (*si delictum non ex animo, sed extra veniat*). C'était l'avis d'Ulpien, qui déclarait les mineurs restituables contre les contraventions en matière d'impôts, toutes les fois qu'il n'y avait pas de dol à leur imputer (3).

---

(1) L. 108. De regulis juris.
(2) L. 1. Cod. *Si adversus delictum.*
(3) L. 9. §. 3. De minoribus.

Ainsi s'expliquent et le texte de Paul et cette phrase du jurisconsulte Claudius Saturninus : En matière pénale, il faut tenir compte de l'âge (*in ejus rei consideratione œtatis quoque ratio habeatur*) (1).

Pomponius dit que l'impubère ne commet pas de fraude capitale (*fraudem capitalem*). *Capitalem fraudem admittere est*, dit Ulpien, *tale aliquid delinquere, propter quod capite puniendus sit* (2). La conséquence est claire : le mineur, à ce qu'il semble, ne peut être atteint par une peine capitale. Cependant les Instituts (3) supposent qu'un impubère peut être déporté.

A notre avis, voici la formule : le mineur n'est pas excusable, par cela seul qu'il est mineur. Le juge au criminel, après avoir constaté l'âge de l'accusé, doit mesurer l'imputabilité, et appliquer la peine en conséquence. Quelquefois, il est vrai, il suffira de constater l'âge. Que peut-on imputer à l'*infans* qui ne sait pas raisonner (4)?

II.

Influence de l'altération des facultés de l'âme sur la culpabilité et sur la pénalité.

L'*infans* et le fou sont mis sur la même ligne par la loi 12, *Ad legem Corneliam de sicariis : alterum innocentia consilii tuetur*, dit Modestin ; *alterum fati infelicitas excusat.* Modestin déclare qu'aux termes d'un res-

(1) L. 16. §. De pœnis.
(2) L. 23. §. 2. De ædilitio edicto.
(3) I. XXII. §. 1.
(4) V. L. 12. Ad legem Corn. de sicariis.

crit de Vérus et Marc-Aurèle, il n'y a pas lieu d'appliquer à l'insensé les peines édictées par la loi *Pompeia de parricidiis* (1). Macer attribue le rescrit à Marc-Aurèle et à Commode, et le rapporte dans son ouvrage sur les instances publiques (2) : S'il est réellement fou, disent les empereurs, il est assez puni par sa folie; mais ils recommandent au président Tertyllus Scapula de s'informer si l'accusé n'avait pas des intervalles lucides et de chercher s'il a commis le crime dans un de ces intervalles, auquel cas il en devra être référé au prince, qui jugera si l'accusé doit être puni conformément aux lois.

Ulpien, dans la loi 5, § 2, *Ad legem Aquiliam*, assimile encore l'*infans* et le *furiosus*. La loi *Aquilia* n'est pas plus applicable que si le dommage provenait de la faute d'un animal ou de la chute d'une tuile. Comment l'insensé serait-il coupable, dit le jurisconsulte, puisqu'il n'a pas sa raison? Dans la loi 3, § 1, *De injuriis et famosis libellis*, Ulpien assimile le *furiosus* à l'impubère qui n'est pas encore *doli capax*. Le délit d'injure ne peut lui être imputé, poursuit-il, puisque l'injure est tout entière dans l'intention.

L'ivresse est-elle, en droit romain, une cause d'exemption ou d'atténuation de peine? La loi 6, § 7, *de re militari*, déclare que les peines capitales ne sont pas applicables aux crimes commis en état d'ivresse. Mais peut-être ce texte est-il spécial aux délits commis par les militaires. Marcien, dans la loi 11 *de pœnis*, énumérant les causes d'atténuation des peines, dit qu'il faut distinguer si le délit a été commis *proposito, impetu aut casu :* il range les délits commis en état d'ivresse dans la seconde catégorie.

III.

Influence de la contrainte morale sur la culpabilité et sur la pénalité.

Le jurisconsulte Paul s'exprime en ces termes : *Is damnum dat, qui jubet dare ; ejus verò nulla culpa est cui parere necesse sit.* Pothier pense que telle doit être la règle pour les délits de médiocre importance (*ad cætera levia delicta*). Mais il ne faut pas appliquer cette règle aux délits plus graves (*in atrocioribus*). En effet Ulpien, dans la loi 157 *de Regulis juris*, déclare que les esclaves sont excusables, mais pourvu qu'ils n'aient pas commis quelque forfait sur l'ordre du maître. Le même jurisconsulte, dans la loi 17, § 7, *de Injuriis*, déclare à ce propos que l'esclave ne doit pas en toutes choses aveuglément obéir au maître (*nec in omnia servus domino parere debet*); il ajoute, au reste, qu'un meurtre commis par ordre du maître ne soumettrait pas l'esclave aux peines édictées par la loi *Cornelia.* Voici la règle posée par les empereurs Valens, Théodose et Arcadius (1) : l'esclave a-t-il, à l'insu de son maître, enfreint la loi *Julia de vi publica vel privata?* Qu'il soit condamné au dernier supplice. La crainte, l'ordre du maître, l'ont-ils poussé au crime? Le maître est déclaré infâme, l'esclave condamné aux mines.

(1) L. 8. Cod. Ad legem Juliam de vi publicâ vel privatâ.

Nous ne trouvons guère que des textes relatifs à la contrainte morale exercée par le maître sur l'esclave, et cela se conçoit. Pour qui cherchait un instrument du crime, l'esclave était le plus aveugle et le plus commode.

IV.

Intention.

Dès les temps les plus reculés, les Romains tinrent compte de l'intention dans l'appréciation du crime et dans l'application de la peine.

Ainsi, tandis que Numa Pompilius prononçait les peines les plus sévères contre l'homicide commis de dessein prémédité, il ordonnait simplement aux personnes coupables d'homicide par imprudence d'offrir, dans l'assemblée du peuple, un bélier pour le mort et ses enfants (1). Ce sacrifice, dit Cincius, cité par Festus, se faisait à l'exemple des Athéniens chez qui l'on offrait un bélier pour l'expiation du crime.

Nous avons déjà cité un texte de Marcien qui, traitant de l'application des peines, distinguait entre les délits commis *proposito, impetu, casu*. La distinction est encore plus nettement indiquée dans la loi 5, § 2 *de pœnis. Refert et in majoribus delictis*, dit Ulpien, *consultô aliquid admittitur, an casu : et sanè in omnibus criminibus distinctio hæc pœnam aut justam admittere debet, aut temperamentum admittere.*

___

(1) Joseph Scaliger a restitué cette loi d'après des textes de Festus et de Servius.

Un rescrit d'Adrien (1) tranchait la question pour le cas d'homicide. Celui qui tue par imprudence peut être absous : il faut même atténuer la peine, si le meurtrier a voulu simplement frapper ou blesser sa victime. Dans ce cas, le hasard a fait plus que la volonté.

Deux constitutions, l'une de Caracalla, l'autre de Dioclétien et de Maximien, s'occupent encore de l'homicide par imprudence (2); la première se prononce pour l'atténuation, la seconde pour l'exemption de peine. La solution devait varier selon les circonstances. En effet, la première constitution suppose le dessein de nuire arrêté chez l'agent du délit.

La maxime des Institutes : *Furtum sine affectu furandi non committitur*, a trait plus encore à la qualification du délit qu'à l'appréciation de la culpabilité. Aussi Pothier trouve-t-il le développement de cette proposition dans la loi 41, § 1 *ad legem Aquiliam*, qui prévoit le cas où un tiers ira méchamment et dans l'intention de nuire, prendre et faire disparaître des titres de créance appartenant à autrui : *furti non tenebitur*, dit le jurisconsulte. En effet, le voleur cherche un *gain* illicite, qu'on ne rencontre pas, dans l'espèce; et c'est là ce qui constitue proprement l'*affectus furandi*.

L'influence de l'intention sur l'imputabilité n'est pas douteuse, en matière de délits privés, dans l'*actio injuriarum*. Ulpien dit qu'il faut avant tout examiner l'intention. Ainsi celui qui frappe en plaisantant (*per jocum*), bien plus celui qui frappe un homme libre,

(1) L, 1. §. 3. Ad legem Corneliam de sicariis.
(2) L. 1 et 5. Cod. Ad legem Corneliam de sicariis.

.3

croyant frapper son esclave, ne commettent pas le délit d'injure. On sait que le mécanisme de la loi *Aquilia*
est tout différent : Ulpien fait ressortir cette différence (1). *Igitur injuriam hic damnum accipiemus culpâ
datum, etiam ab eo qui nocere noluit (2).*

Enfin, le jurisconsulte Paul observe, dans son Traité
des instances publiques (3), que le dol, c'est-à-dire
l'intention mauvaise, et la faute lourde ne sauraient
être assimilées en matière criminelle comme en matière civile, au moins en ce qui concerne l'application
de la loi *Cornelia de sicariis*. Ainsi qu'un ouvrier qui
taille un arbre laisse tomber une branche sans crier
gare, et tue un passant, cet homicide n'est pas frappé
des peines édictées par la loi *Cornelia*.

V.

Légitime défense.

Remontons à la loi des Douze Tables.

Si quelqu'un commettant un vol de nuit est tué,
qu'il le soit à bon droit. Quant au voleur surpris dans
le jour, il n'est permis de le tuer que s'il se défend avec
des armes (4).

Cicéron, dans sa plus belle plaidoirie, rapporte et
commente ce texte de la loi décemvirale.

___

(1) L. 5. §. 1. Ad legem Aquiliam.
(2) Nous avons vu que, néanmoins, on se demandait si l'impubère
était *injuriæ capax*, pour trancher la question de savoir s'il était ou non
soumis à l'*actio legis Aquiliæ*.
(3) L. 7, Ad legem Corneliam de sicariis.
(4) V. L. 51. §. 2. De furtis.

Le droit des gens, lisons-nous au début des Pandectes, est le droit commun de l'humanité : le culte de l'Être suprême, la légitime défense, sont du droit des gens. L'homme a le droit de se conserver ; donc il a le droit de se défendre.

Ulpien (1) rapporte cette opinion de Cassius, qu'on peut repousser la violence par la violence ; c'est là un principe de droit naturel. Nul doute, en conséquence, qu'on ne puisse repousser la force armée par la force armée. Paul reproduit la même idée sous une forme concise : *Vim enim vi defendere omnes leges omniaque jura permittunt* (2). Des textes nombreux appliquent aux cas spéciaux cette règle générale.

D'après un rescrit d'Adrien, celui qui, repoussant une tentative de viol faite sur sa personne ou sur la personne des siens, avait commis un meurtre, devait être renvoyé de la prévention (*dimittendus erat*) (3).

Gaius (4) déclare qu'on peut tuer sans crime le brigand qui dresse des embûches (*latronem insidiantem*) ; car la légitime défense est de droit naturel. Il ajoute : *Lex XII tabularum furem noctu deprehensum occidere permittit : ut tamen id ipsum cum clamore testificetur : interdiu autem deprehensum ita permittit occidere, si is se telo defendat : ut tamen æque cum clamore testificetur.* La loi des Douze Tables exige t-elle qu'on se défende en criant ? Gaius semble bien l'entendre ainsi. Pourtant

(1) L. 1. §. 27. De vi et de vi armata.
(2) L. 45. §. 4. Ad legem Aquiliam.
(3) L. 1. §. 4. Ad legem Corneliam de sicariis.
(4) L. 4. Ad legem Aquiliam.

Cicéron dit que la loi des Douze Tables permet de tuer le voleur de nuit, *quoquo modo*; Ulpien se sert de l'expression *omnimodo* (1); Macrobe enfin (2) cite les termes de la loi sans parler des cris qui doivent accompagner la défense. Faut-il donc voir dans le texte une interpolation de Tribonien ? C'est l'avis de quelques auteurs : Gerard Noodt donne une autre explication. D'après Gerard Noodt, Gaius en écrivant *ut tamen id ipsum*, etc., ne s'occupe pas du crime de meurtre ni du châtiment encouru par le meurtrier, mais bien de l'action qui naît de la loi Aquilia. Noodt argumente de la rubrique de ce texte; en effet il s'agit du commentaire de Gaius sur la loi Aquilia (3). Il rappelle que la faute la plus légère suffit à l'application de la loi *Aquilia :* le meurtrier n'est-il pas tenu, s'il y avait un autre moyen quelconque d'échapper au danger (4)? Gaius, remarquant la sévérité de cette loi, comprenant toutes les difficultés de la preuve en pareille matière et l'impossibilité de réunir des témoins, cherche à trouver une présomption de légitime défense absolue ; il la trouve dans ce cri qui doit remplacer un autre témoignage.

Gaius, dans un autre livre de son commentaire *ad Edictum provinciale,* rappelle encore la disposition de la loi décemvirale et spécialement cette expression *si telo se defendat,* qu'il explique ainsi. *Teli autem appellatione*

(1) Ex Collatione legum Mosaïcarum et Romanarum, tit. 7.
(2) Saturnal. I, IV.
(3) Cf. L. 2. Ad legem Aquiliam.
(4) Inst. De lege Aquilia. §. 2.

— 43 —

et ferrum, et fustis, et lapis, et denique omne, quod nocendi causâ habetur, significatur (1).

À côté de la légitime défense proprement dite, il faut placer la légitime défense incomplète : le droit Romain ne l'envisage pas de la même manière, du moins au point de vue de la loi Aquilia, comme le prouve le texte des Instilutes. Il y a faute de part et d'autre, dit Gerard Noodt, mais faute plus grande du *latro* : quoiqu'il en soit, comme l'excès dans la défense pouvait être corrigé par les conseils de la sagesse (*sapientiæ admonitione emen-dabilis*), le jurisconsulte conclut à l'application de la loi *Aquilia*, mais non pas à l'application de la loi *Cornelia de sicariis*. Au point de vue du droit criminel, dit-il, ce trouble soudain de l'âme que fait naître l'attaque nous amène à voir dans cet homicide moins un meurtre qu'un acte involontaire.

Cependant Ulpien s'exprime en ces termes au livre dix-huitième de son commentaire sur l'édit (2) : *Proindè si furem nocturnum, quem lex XII tabularum omnino per-mittit occidere, aut diurnum, quem æque lex permittit, sed ita demum, si se telo defendat, videamus, an lege Aquiliâ teneatur. Et Pomponius dubitat num hæc lex non sit in usu. Et si metu quis mortis furem occiderit, non dubitamus quin lege Aquiliâ non teneatur. Sin autem cùm posset adprehen-dere, maluit occidere, magis est ut injuriâ fecisse videatur : ergo etiam lege Corneliâ tenebitur.*

Gerard Noodt déclare qu'il faut lire, à la fin de ce texte, *lege Aquiliâ* et non *lege Corneliâ*, bien que la loi

(1) L. 51. §. 2. De furtis.
(2) Ex Collatione legum Mosaïcarum et Romanarum, VII, III, 2-3.

5 pp. *ad legem Aquiliam* s'exprime de la même manière : *ergò et Cornelia tenebitur* : il ne s'agit pas de la loi *Cornelia*. Ulpien se demande s'il faut appliquer la loi *Aquilia* : à mon avis, répond-il, il y a lieu d'appliquer la loi *Aquilia*. Conçoit-on, dit Gerard Noodt, qu'un homme de talent, maître en l'art d'écrire, se demande une chose et réponde à une autre? Ulpien, dans la loi 5, § 1, continue à s'occuper de la loi *Aquilia* et non de la loi *Cornelia*. D'ailleurs la loi 7 *ad legem Corneliam de sicariis* suffit à prouver que la *faute lourde*, en pareille matière, ne saurait tomber sous le coup de la loi criminelle. Noodt se résume ainsi : Ce voleur de nuit, il a mieux aimé le tuer, quand il pouvait s'assurer de sa personne et lui sauver la vie : l'homicide n'étant pas nécessaire, il a transgressé le devoir strict d'un homme de bien : cette faute, cette imprévoyance, ce dommage injustement causé l'assujettissent à l'action de la loi *Aquilia* : mais le trouble et la surexcitation de son âme écartent le soupçon d'une intention criminelle : la loi des Douze Tables ne défend pas de tuer ce voleur ; il n'y a pas lieu d'appliquer la loi *Cornelia* (1).

VI.

Provocation.

Il est souvent difficile de tracer la limite entre la légitime défense et l'acte commis en état de provocation. La science ne saurait trouver de meilleure distinction

(1) Gerardi Noodt ad legem Aquiliam liber singularis, IV-V.

que celle du jurisconsulte Paul dans la loi 45, § 4 *ad legem Aquiliam* : songeait-on à sa sûreté, ou à sa vengeance ?

Nous trouvons peu de textes relatifs à la provocation par coups et violences : cependant le jurisconsulte Alfenus exempte même de l'*actio legis Aquiliæ* celui qui, ayant reçu des coups, a crevé l'œil de l'agresseur, pourvu qu'il ne l'ait pas fait de dessein prémédité (*datá operá*) (1). *A fortiori*, pas de poursuite criminelle.

Quant à la provocation résultant d'un outrage violent à la pudeur, nous en avons parlé en traitant de la légitime défense.

Les lois romaines s'occupaient avec détail d'un autre cas de provocation.

Un père a droit de tuer sa fille et son complice surpris en adultère, à deux conditions : 1° s'il a sa fille sous sa puissance ; 2° si lui-même est père de famille (2). Il n'y a pas lieu de distinguer entre le père adoptif et le père naturel (3). L'adultère doit avoir été surpris dans la maison du père ou dans celle du mari (4). Du reste, si l'on excuse l'homicide, à plus forte raison faut-il excuser l'outrage (5). Mais la loi romaine interdit cet acte de vengeance au mari : la tendresse paternelle veille en faveur de la fille et retient entre les mains du

(1) L. 52. §. 1. Ad legem Aquiliam.
(2) L. 20. Ad legem Juliam de adulteriis.
(3) L. 22 pp. còd.
(4) L. 22. §. 2 còd.
(5) L. 22. §. 3 còd.

père l'exercice du terrible privilége dont il est armé,
tandis que le mari céderait trop promptement à la violence de son ressentiment (1).

Attachons-nous bien aux termes de la loi, dit Ulpien : la fille doit être prise sur le fait ; c'est l'avis de
Labéon ; *in ipsis rebus Veneris*, dit Pomponius, *in ι,,»*,
disent Solon et Dracon (2). Le meurtre n'est excusable,
aux termes de la loi, que s'il est commis *in continenti*.
Ainsi, le père ne peut pas tuer aujourd'hui le complice,
et demain sa fille. Une égale colère l'anime : il doit
presque frapper du même coup les deux coupables.
Pourtant si pendant qu'il immole le complice, la fille
s'enfuit et que le père, s'étant mis à sa poursuite, ne
la saisisse qu'après quelques heures écoulées, l'homicide sera réputé commis *in continenti* (3).

Macer va plus loin : il exige que le père tue sa fille
et le complice ; s'il ne tue que l'un ou l'autre, la loi
Cornelia reprend son empire ; mais s'il tue l'un et blesse
l'autre? Le texte de la loi *Cornelia* le condamnerait encore ; mais un rescrit des empereurs Marc-Aurèle et
Commode lui donne l'impunité : en effet, la femme qui
survit à ses blessures après la mort de son complice
doit plutôt son salut au hasard qu'à la volonté paternelle : mais le principe de la loi, c'est qu'une même
rigueur doit être déployée contre les deux coupables (4).

(1) L. 22. §. 4 côd.
(2) L. 23. pp. côd.
(3) L. 23. §. 4 côd.
(4) L. 32. pp. Ad legem Juliam de adulteriis.

Passons au mari.

Le mari peut tuer le complice de sa femme adultère, mais non pas indistinctement, comme le père : il doit, d'après Macer, avoir surpris les coupables dans sa propre maison. Ce complice doit être un *leno*, un baladin, un histrion ; ou bien il a été condamné dans une instance publique, sans avoir été réhabilité ; ou bien c'est l'esclave ou l'affranchi de certaines personnes désignées par la loi. Dans ces conditions, le meurtre est excusable. Après quoi, l'époux homicide devra sur-le-champ renvoyer sa femme. Du reste, peu importe qu'il soit ou non lui-même père de famille, d'après la plupart des jurisconsultes.

Mais la loi, comme nous l'avons vu plus haut, ne donne pas au mari le droit de tuer sa femme. Qu'arrivera-t-il donc, s'il la tue dans un accès de colère et de douleur? Eh bien ! on n'appliquera pas la loi *Cornelia* : mais la peine sera simplement atténuée. Les *humiliores* seront condamnés aux travaux forcés à perpétuité, les *honestiores* à la relégation (1). Est-ce en vue de cette commutation qu'Ulpien, dans la loi 3, § 3, *De senatusconsulto Silaniano*, dit qu'on pardonne au mari, dans cette hypothèse ? La solution affirmative est la plus vraisemblable.

La loi 4 au Code *ad legem Juliam de adulteriis* applique cette règle, que le mari ne peut tuer le complice de l'adultère en-dehors des cas énumérés aux Pandectes (*si ejus conditionis fuit ut per legem Juliam impunè occidi potuerit*). Le meurtre commis dans d'autres circonstances

(1) L. 38. §. 8 còd.

(*legis auctoritate cessante*), est néanmoins excusable, et
la peine susceptible d'atténuation (*nox et dolor justus
factum ejus relevant*) : on peut appliquer simplement la
peine de l'exil.

Enfin, la Novelle 117 vint permettre au mari de tuer
le complice hors du flagrant délit. Le mari qui, nour-
rissant des soupçons contre un tiers, lui a donné trois
avertissements par écrit en présence de trois témoins
dignes de foi, et puis l'a trouvé avec sa femme, soit
dans sa maison, soit dans celle de sa femme, soit dans
celle du complice, soit dans un cabaret, soit *in subur-
banis*, peut le tuer en toute sécurité (*sine periculo*).

VII.

Ordre de la loi.

La loi 7, § 4 *de jurisdictione*, assimile à l'homicide
involontaire l'homicide commandé par la loi.

En matière de délits privés, la loi 37 pp. *ad legem
Aquiliam* règle la responsabilité, quand l'agent du délit
ne fait qu'*obéir*, et le débarrasse lui-même de toute
imputabilité, si l'ordre est légitime (*si modò jus impe-
randi habuit qui jussit*).

La loi 13, § 1 *de injuriis* s'exprime ainsi : l'obéissance
à l'ordre émané de la puissance publique ne peut jamais
être considérée comme une injure : *juris enim executio
non habet injuriam*.

Enfin, la loi 167, § 1 *de regulis juris* déclare en termes généraux que celui qui obéit à l'ordre du juge ne

saurait être taxé d'intention mauvaise, puisqu'alors l'obéissance est un devoir.

VIII.

Influence du rang de l'agent du délit sur la culpabilité et sur la pénalité.

L'inégalité des peines est le vice le plus choquant du droit criminel des Romains.

Vingt-quatre textes du cinquième livre des Sentences de Paul nous montrent que les coupables d'un rang inférieur, seuls, subissent toute la rigueur des lois. Il y a donc, de par la loi, des assassins, des empoisonneurs, des incendiaires privilégiés (1).

Il nous faut, par conséquent, diviser les coupables en deux classes.

Sacrilèges. — Première catégorie (*honestiores*) : déportation. Deuxième catégorie (*humiliores*) : condamnation aux mines.

Incendiaires (2). — Première catégorie : relégation. Deuxième catégorie : condamnation aux mines ou aux travaux forcés.

Novæ et incognitæ religiones ex quibus animi hominum moveantur. — Première catégorie : déportation. Deuxième catégorie : mort.

Fauteurs de troubles et séditions. — Première catégorie : déportation. Deuxième catégorie : la croix ou l'amphithéâtre.

(1) V. Bravard. De l'étude du droit romain, p. 222 et 223.

(2) *Qui casam aut villam inimicitiarum gratiâ incenderunt.*

Qui noctu fructiferas arbores manu facta ceciderint.
— Première catégorie : réparations civiles, exclusion
du sénat, rélégation. Deuxième catégorie : travaux
forcés.

*Qui terminos effodiunt vel exarant arboresve terminales
everlunt.* — Première catégorie : confiscation du tiers
des biens, rélégation ou exil. Deuxième catégorie :
travaux forcés.

Meurtriers. — Première catégorie : mort. Deuxième
catégorie : la croix ou l'amphithéâtre.

Coups et blessures *in rixa.* — Première catégorie :
confiscation de la moitié des biens et rélégation.
Deuxième catégorie : les mines ou l'amphithéâtre.

Castration. — Première catégorie : déportation.
Deuxième catégorie : mort.

Qui abortiones aut amatorium poculum dant. — Première catégorie : rélégation. Deuxième : mines.

Sacrifices humains. — Première catégorie : la mort.
Deuxième : l'amphithéâtre.

Détention de livres de magie. — Première catégo-
gorie : la déportation. Deuxième : la mort.

*Si ex eo medicamine quod ad salutem hominis vel ad re-
medium datum erat, homo perierit.* — Première catégorie :
rélégation. Deuxième : la mort.

Infractions à la loi *Cornelia testamentaria.* — Première catégorie : déportation. Deuxième : la croix ou
les mines.

Faux témoignages, corruption de témoins ou de
juges.

—Première catégorie : déportation. Deuxième : la mort.

Trahison d'un *procurator* ou d'un *cognitor*. — Première catégorie : rélégation perpétuelle. Deuxième : les mines. Même distinction pour les dépositaires des pièces (*instrumenta*).

Faux. — Première catégorie : déportation. Deuxième : condamnation aux mines.

Port illégal d'insignes. — Première catégorie : déportation. Deuxième : la mort.

Abus de pouvoir prévus par la loi *Julia de vi publica et privata*. — Première catégorie : déportation. Deuxième : la mort.

Autres infractions à cette loi. — Première catégorie : confiscation du tiers des biens et rélégation dans une île. Deuxième : les mines.

Infractions à la loi *Julia majestatis*. — Première catégorie : la mort. Deuxième : les *humiliores* sont condamnés à l'amphithéâtre ou brûlés vifs.

Infractions à la loi *Fabia*. — Première catégorie : confiscation du tiers des biens et rélégation perpétuelle. Deuxième : la croix ou les mines.

De ces distinctions les unes ont passé, les autres ne se retrouvent plus dans les Pandectes.

D'abord les Décurions ne peuvent être ni condamnés aux mines, ni brûlés vifs (1), ni même envoyés aux travaux forcés (2). Que si par erreur on les soumet à ces peines, il faut en référer au prince, qui prononcera la commutation. Du reste on faisait un rapport

(1) Ulpien.
(2) Rescrit de Caracalla.

spécial à l'Empereur toutes les fois qu'un décurion avait commis un crime emportant peine capitale. Adrien, s'il faut en croire Venuleius Saturninus, était allé jusqu'à les soustraire aux peines capitales, excepté dans le cas de parricide. Mais, d'après le même jurisconsulte, il fallait leur appliquer les peines édictées par la loi *Cornelia*. *Parentes quoque et liberi Decurionum in eadem causa sunt*, ajoute Ulpien. Peu importe que les enfants soient nés avant ou après que le père est devenu décurion.

Les vétérans et leurs fils furent aussi placés par Caracalla dans une situation privilégiée; ils échappaient à la peine des mines et à la peine des travaux forcés.

Les rescrits impériaux défendaient de soumettre au fouet les *honestiores*; Callistrate en concluait qu'on ne pouvait les envoyer aux mines. Enfin les *humiliores* pouvaient seuls être brûlés vifs.

La loi 3, § 5, *ad legem Corneliam de sicariis*, citée par M. Bravard dans son livre sur l'étude et l'enseignement du droit Romain contient un des exemples les plus choquants de la distinction faite entre les *honestiores* et les *humiliores*. Plusieurs textes du Code rappellent ou reproduisent cet étrange système.

Mais souvent la position privilégiée de certains personnages les exposait au péril au lieu de les y soustraire. On peut en voir un curieux exemple dans une constitution des empereurs Constance et Julien (1).

---

(1) L. 7. Cod. de Maleficis. « Etsi excepta tormentis sunt corpora honoribus præditorum, quoniam tamen, qui in Comitatu nostro sunt, ipsam pulsant propemodum majestatem : si quis magus, vel magicis carmini-

Quant aux esclaves, le législateur se montrait impi-
toyable. C'est une règle fondamentale, dit la loi 28,
§ 16, *de pœnis*, qu'ils doivent être plus durement punis
que les hommes libres. En effet, nous voyons dans plusieurs textes des sentences de Paul la pénalité varier,
1° pour les *honestiores*, 2° pour les *humiliores*, 3° pour
les esclaves. On sait d'ailleurs qu'à l'égard de ceux-ci
la torture était un mode d'instruction de droit commun. Enfin la loi criminelle leur réservait des peines
spéciales, comme la chaîne', la marque, la meule.

Du reste, à l'époque des jurisconsultes, les derniers
vestiges des adoucissements apportés à la pénalité par
les lois protectrices de la dignité du citoyen romain
avaient disparu. Cette loi *Valeria*, ces lois *Porcia* et
Sempronia, qui attachant au titre de citoyen un caractère sacré d'inviolabilité, avaient transformé le
vieux droit pénal, n'étaient plus que des souvenirs.
Les atrocités et les iniquités de la législation criminelle reprirent leur cours à l'ombre du despotisme impérial.

IX.

Influence du rang de la victime du délit sur la culpabilité, et sur
la pénalité.

Il ne faut pas prendre à la lettre ces paroles de Marcien : Le meurtre est puni sans distinction du rang de

bus adsuetus... in Comitatu meo vel Cæsaris fuerit deprehensus, præsi-
dio dignitatis exutus cruciatus et tormenta non fugiat. Si vero convictus fuerit, et ad proprium facinus detegentibus repugnaverit perne-
gando, sit equuleo deditus, etc.

la victime (1). Le paragraphe 213 du Commentaire III
de Gaïus nous apprend que le meurtrier d'un esclave
pouvait s'arranger avec le maître. Si ce dernier voulait se contenter d'une réparation civile, il usait du bénéfice de la loi *Aquilia.* Cet arrangement terminait
l'affaire. Que si le maître voulait intenter une poursuite criminelle, il y avait lieu, seulement alors, d'appliquer la loi *Cornelia.*

En matière de délits privés, l'estimation du préjudice causé par l'injure variait avec le rang de l'of-
fensé.

Enfin Claudius Saturninus disait en termes généraux : Il faut tenir compte du rang de la victime,
comme on tient compte du rang du coupable.

X.

Conséquences de la puissance paternelle et de la puissance dominicale.

Chez tous les peuples, disent les Institutes, le maître
a droit de vie et de mort sur ses esclaves. Mais Justinien prend soin de nous apprendre que celui qui tue
sans motif son esclave est puni comme s'il avait tué
l'esclave d'autrui. L'intérêt même des maîtres, disait
un rescrit d'Antonin-le-Pieux, veut que l'esclave
trouve protection contre les sévices ou contre une in-
tolérable injustice. Du reste, le maître conserva longtemps sur ses esclaves un droit de correction presque
illimité. Ulpien nous dit bien qu'Adrien condamna à
cinq ans de rélégation une femme trop sévère pour ses

(1) L. 1. §. 2. Ad legem Corneliam de sicariis.

esclaves (1). Mais nous voyons dans la *Collatio legum mosaïcarum* (2) que, si l'esclave meurt des suites du châtiment qui lui a été infligé, le maître n'a aucune poursuite à redouter, pourvu qu'il n'ait pas agi avec intention de le tuer. Constantin détermina d'une façon plus précise les droits de la puissance dominicale. S'agit-il d'une correction à coups de fouet ou de verges? La mort de l'esclave n'est pas imputable au maître. Mais il y a crime, si le maître a tué son esclave à coups de pierre ou de bâton, ou bien s'il l'a blessé de quelque arme meurtrière, s'il l'a fait étrangler, empoisonner, brûler vif, etc., etc.

Dans l'origine, le père avait droit de vie ou de mort sur ses enfants. Denys d'Halicarnasse fait remonter l'établissement de ce droit au premier roi de Rome : la loi décemvirale consacra les pouvoirs du père. Mais la législation changea. L'empereur Adrien fit déporter un père qui avait tué à la chasse son fils, coupable d'entretenir des relations criminelles avec sa belle-mère. *Nam patria potestas in pietate debet, non atrocitate consistere.* Bientôt le droit de correction subsista seul. Constantin finit par appliquer au meurtre d'un fils la peine du parricide.

XI.

Recel des criminels par des parents.

Le droit criminel Romain, plus rigoureux que le nôtre, applique aux recéleurs des criminels la même

(1) L. 2. ff. De his qui sui juris.
(2) Tit. III, c. 2.

4

peine qu'aux auteurs du délit. Mais si le recéleur est un parent ou un allié, son délit est moindre que celui d'un recéleur ordinaire, on atténuera la peine (1). Notre Code pénal a vu là un cas d'excuse absolutoire, mais restreint l'excuse à certains degrés de parenté.

XII.

Vols commis par les esclaves, par les enfants *in potestate*, et par le conjoint.

Ce n'est pas une disposition du droit, mais la nature même des choses qui empêche le père d'intenter l'*actio furti* contre le fils de famille, dit Paul (*quod non magis cum his quos in potestate habemus quam nobiscum ipsi agere possumus*) (2). Ulpien explique et généralise cette idée : Sans doute le fils et l'esclave commettent un vol, mais à quoi bon donner une action à celui qui peut lui-même châtier le coupable (3) ?

La soustraction frauduleuse commise par une femme au préjudice de son mari constituait-elle un vol ? Oui, d'après les Sabiniens, qui prétendaient assimiler la femme à la fille. Non, d'après les Proculiens. La communauté de vie ne lui conférait-elle pas une sorte de droit de propriété ? (*Quia societas vitæ quodammodo dominam eam faceret.*) Paul se rangeait à l'avis des Sabiniens.

Néanmoins, la nature du lien conjugal modifiait en

(1) Cf. l. 1 et 2. De receptatoribus.
(2) L. 16. De furtis.
(3) L. 17 pp. eòd.

ce point la théorie des délits privés. L'action du vol est infamante ; on y substitue l'*actio rerum amotarum.*

Mais cette action ne peut être intentée qu'après la dissolution du mariage.

Jusqu'à quel point conserve-t-elle donc un caractère pénal ? C'est une *condictio*, dit Gaïus (1), et Tryphoninus la compare à la *condictio furtiva*, car il y a là réellement un vol, dit-il, malgré l'indulgence avec laquelle on traite la femme. Il en tire deux conséquences, dont l'une est à remarquer, c'est qu'en pareille matière, l'estimation du préjudice augmente, quand augmente la valeur de la chose soustraite (2), comme dans la *condictio furtiva*.

Les soustractions commises par la bru, quand le fils est en puissance, donnent ouverture à l'*actio rerum amotarum.*

La femme n'a de même que l'*actio rerum amotarum* contre son mari.

Enfin, pour que l'*actio rerum amotarum* puisse être intentée, il faut que le vol ait été commis *divortii consilio*, et que le divorce ait suivi. Sinon c'est une *actio ad exhibendum* ou la pétition d'hérédité, ou une action *de damno in factum*, qui compète au conjoint.

Il n'entre pas dans notre plan de faire un traité complet de l'*actio rerum amotarum*. Mais il importait de mentionner cette action, puisqu'on a cherché dans la suppression de l'*actio furti* l'origine historique de l'ex-

(1) L. 26. De actione rerum amotarum.
(2) L. 29 eod. Cf. l. 8. §. 1. de condict. furt.

cuse absolutoire établie par l'art. 380 de notre Code
pénal.

CHAPITRE III.

DES PRINCIPALES CAUSES D'ATTÉNUATION OU D'EXEMPTION DES PEINES DANS NOTRE ANCIEN DROIT CRIMINEL, ET SINGULIÈREMENT DE L'INTERPRÉTATION DES LOIS ROMAINES EN CETTE MATIÈRE PAR NOS ANCIENS CRIMINALISTES.

D'après Muyart de Vouglans, dans ses *Institutes au
droit criminel*, voici les circonstances qui peuvent faire
diminuer la peine :

1° La longue durée d'une accusation ;

2° La colère ;

3° La fureur ou démence survenue après le délit
commis ;

4° La crainte ;

5° L'ivresse ;

6° La passion de l'amour ;

7° L'âge tendre ;

8° L'extrême vieillesse, pour les délits légers ;

9° L'imprudence ;

10° L'impéritie ;

11° La rusticité ;

12° Le sexe ;

13° La commisération ;

14° L'affection tirée de la consanguinité ;

15° La confession volontaire de l'accusé ;

16° La *dignité* ou *noblesse* de l'accusé, pour les crimes ordinaires ;

17° Les services rendus au pays ;

18° Les talents ;

19° L'extrême pauvreté, dans le cas de vol de choses nécessaires à la vie ;

20° L'obéissance aux ordres d'un supérieur ;

21° La bonne réputation de l'accusé avant le crime ;

22° Le défaut de consommation du crime ;

23° La réciprocité d'injures ;

24° L'événement heureux du crime. — Par exemple, une victoire sur l'ennemi provenant d'une désobéissance au général.

Entrons dans quelques détails.

Nos anciens criminalistes, appliquant au droit pénal les distinctions du droit civil des Romains, envisageaient séparément les crimes qui se commettent *par dol* et les autres délits. Appuyés sur une définition de Labéon, ils ne voyaient d'imputabilité complète que dans le cas où le délit était la suite d'*un mauvais dol.* On comprend sous le nom de mauvais dol en général, disaient-ils, tous les crimes qui ne sont pas distingués dans le droit par une dénomination particulière. Par une étrange interprétation, ils tiraient cette proposition d'un fragment du titre *de Dolo malo,* où le préteur promet de donner l'action de dol si les autres actions font défaut et si la prétention du demandeur paraît fondée. De là, descendant aux cas d'imputabilité incomplète, ils trai-

taient des crimes commis dans un premier mouvement,
et des crimes commis par imprudence.

Crimes commis dans un premier mouvement.

La colère diminue la culpabilité, disent nos anciens
criminalistes, parce que ceux qui en sont possédés ne
jouissent pas de leur entière liberté. Pour justifier cette
fausse idée, on recourait à la loi 49 *de regulis juris*,
parfaitement inapplicable aux matières pénales. Il est
vrai que les jurisconsultes recommandaient de bien
considérer le degré de la colère, le motif de la colère,
le temps qu'elle avait duré, la manière dont le crime
avait été commis ; il était à craindre que le délit, dans
certaines circonstances, ne rentrât dans la classe des
crimes par dol.

La douleur pouvait diminuer la culpabilité : nos anciens criminalistes citent comme exemple l'extrême
douleur que ressentirait un père ou un mari sur-
prenant sa fille ou sa femme en adultère. C'était
généraliser bien hardiment une solution faite pour un
cas spécial.

On prétendait enfin trouver dans ces mots de la Novelle 74, *nihil est furore amoris vehementius*, le fondement logique d'une atténuation de peine pour les crimes
commis dans la passion de l'amour.

On distinguait l'ivresse de l'ivrognerie. L'ivresse
étant quelquefois l'effet de la surprise, peut servir,
lorsqu'elle est extrême, à rendre le crime moins punissable. *Per vinum aut luxuriam lapsis*, etc. On exceptait néanmoins les crimes atroces « qui supposent

» nécessairement une malice réfléchie, ou qui inté-
» ressent essentiellement l'ordre public. »

Crimes commis par imprudence.

Ici nos criminalistes s'égaraient dans l'interprétation des lois romaines. Ils appliquaient aux matières pénales la théorie des fautes en droit civil, citaient pêle-mêle et confusément les textes applicables, 1° aux fautes dans les contrats, 2° à la loi Aquilia, 3° aux crimes réprimés dans les instances publiques. Muyart de Vouglans distinguait les fautes commises par imprudence, par négligence, par impéritie, par faiblesse, par excessive rigueur et par commisération intempestive. Il emprunte presque toutes ses citations à la loi Aquilia.

Nos anciens criminalistes s'occupaient, à un second point de vue, des causes d'exemption ou d'atténuation des peines. Ils prenaient alors pour texte fondamental la loi 16, § 1, *de pœnis*, qui énumère les diverses circonstances de nature à influer sur la criminalité de l'acte (*causâ*, *personâ*, *loco*, *tempore*, *qualitate*, *quantitate aut eventu*).

Causâ.

Dol. La nature des motifs, même en fait de dol, peut modifier la criminalité de l'acte. Le dol commis par trahison était plus grave que le dol commis à force ouverte; le dol commis par pure malice et dans l'intention de nuire était plus grave que le dol commis dans la vue d'un profit particulier.

Premier mouvement. Même remarque. Ainsi le délit était encore moins grave si l'on s'était servi d'armes purement défensives.

Faute. Même remarque. De ces délits, par exemple, les uns pouvaient être facilement prévus ; les autres échappaient à toutes les prévisions.

Personâ.

Ici le texte fondamental était la phrase de Claudius Saturninus : *Persona dupliciter spectatur, ejus qui fecit, et ejus qui passus est.* La peine varie avec le rang du coupable et de la victime. La loi 28, *de pœnis*, offrait un texte propice aux commentaires de nos anciens jurisconsultes. C'est en analysant cette loi que Bartolo écrivait : *Nobiles ex consuetudine non suspenduntur nec patiuntur viles pœnas.* En crimes qui méritent la mort, dit Loysel, le vilain sera pendu et le noble décapité. Loysel, il est vrai, se hâtait d'ajouter : « Toutefois où » le noble seroit convaincu d'un vilain cas, il sera puni » comme vilain. » L'on disait communément que les nobles paient soixante livres d'amende où les non nobles paient soixante sols. Mais en crimes, continue Loysel, les villains sont plus grièvement punis en leurs corps que les nobles. Les anciens étaient plus judicieux, dit De Laurière. Quels anciens?

Loysel dit encore : « De toutes amendes estans en » loi, les femmes n'en doivent que la moitié (1). » Cette règle est prise de l'art. 460 de la coutume d'Or-

---

(1) V. Institutes coutumières, liv. VI, tit. II.

léans. Mais les annotateurs des Instituts Coutumières (1) font remarquer que c'est une exception à la coutume générale de France.

Parmi les motifs d'aggravation ou d'atténuation tirés de la qualité des parties, nos criminalistes placent encore certaines relations entre le coupable et la victime ; ils se fondent sur la loi 16, § 3, *de pænis : aliter enim puniuntur ex iisdem facinoribus*, etc. Tel est le cas du vol commis par une femme envers son mari. C'est encore sur la qualité des parties qu'est fondée l'atténuation de peine résultant de l'âge (L. 16, § 3, *de pænis*).

Loco.

Il s'agit ici de la qualification même du délit. Muyart de Vouglans, en s'occupant des cas où le lieu sert à diminuer le crime, se contente de dire : « Le lieu sert à » diminuer le crime dans les pays où ce crime est to- » léré. » C'est une naïveté singulière.

Tempore.

D'après nos anciens criminalistes, le temps sert à faire diminuer la peine :

1° Quand le crime est commis par des impubères ;

2° Quand l'agent du délit, au moment où le fait s'est passé, n'avait pas la plénitude de sa raison morale et de sa liberté ;

3° Quand il s'est écoulé un temps suffisant pour prescrire ;

(1) Ed. 1846.

4· Quand l'accusé est mort au moment de la condamnation.

Qualitate.

Exemple : le voleur est pressé par la faim et soustrait frauduleusement des comestibles.

Quantitate.

Les circonstances tirées de la quantité (valeur de la
chose, nombre de crimes, nombre des auteurs du crime,
etc.), mènent seulement à l'aggravation de la peine.

Eventu.

Nos anciens criminalistes généralisaient ce texte de
la loi 1, § 2, *de extraordinariis criminibus : Qui puero
stuprum, abducto ab eo vel corrupto comite, persuaserit, aut
mulierem puellamve interpellaverit, quidve impudicitiæ
gratid fecerit, donum proebuerit, pretiumve, quo is persua-
deat, dederit ; perfecto flagitio, puniuntur capite, imper-
fecto in insulam deportantur.*

Plusieurs jurisconsultes, Pothier, par exemple, s'attachaient à la loi 16, § 8, *de pœnis*, pour démontrer
la criminalité de l'homicide par imprudence et d'autres
délits involontaires.

Nos anciens criminalistes s'occupaient ensuite des
causes qui font cesser le crime et les classaient ainsi :
1° Défaut d'intelligence ;
2° Cas fortuit ;
3° Force majeure ;

4° Ignorance ;

5° Erreur.

Défaut d'intelligence.

A. Crimes commis par les enfants.

Il faut distinguer ceux qui n'ont pas atteint l'âge de sept ans (*infantes* en droit romain); ceux-là sont à l'abri des lois répressives.

« Mais si le crime a été commis dans un âge plus
» voisin de la puberté que de l'enfance, tel que celui
» de dix ans pour les filles et de onze ans pour les
» mâles, comme alors on peut présumer dans celui
» qui le commet une capacité suffisante pour discer-
» ner le bien et le mal, la loi ne veut pas qu'il soit ab-
» solument exempt de peine, mais seulement que cette
» peine soit moindre que celle qui doit s'infliger à
» ceux qui ont commis le crime dans la pleine pu-
» berté...; et pareillement elle veut que les derniers
» soient moins punis que ceux qui sont parvenus dans
» un âge où la raison est parvenue à sa pleine matu-
» turité, qui est celui de la majorité (1). »

Cette théorie, bien entendu, s'appuyait encore sur le droit romain. C'est au nom du droit romain qu'on établissait quatre catégories au point de vue de la pénalité :

1° *Infantes. Infantiæ proximi ;*

2° *Pubertati proximi ;*

3° *Minores XXV annis ;*

4° *Majores XXV annis.*

(1) Muyart de Vouglans. Les lois criminelles, liv. I, tit. V.

Mais ces divisions étaient absolument étrangères à la législation criminelle des Romains.

Du reste, nulle influence de l'âge sur la pénalité dans les crimes atroces. En outre on remarquait que, dans certains esprits prématurés, la malice prévient l'âge; on s'en référait sur ce point à la prudence du juge.

B. Crimes commis par les insensés et les furieux.

L'ancien droit français disait, comme le droit romain, « qu'ils sont déjà assez punis par le malheur de leur état. » Il comparait à ce propos le fou et le pupille, en se fondant sur la loi 5 *de regulis juris*, et opposait à l'incapacité du fou la faculté qu'avait le pupille de contracter *de l'autorité de son tuteur;* comparaison parfaitement inutile. Mais voici une absurdité que nos anciens criminalistes n'avaient pas rencontrée dans le droit romain : l'exemption de peine ne s'appliquait pas aux crimes de lèse-majesté, ni à d'autres semblables, pour lesquels on faisait le procès même après la mort du coupable. Autre bizarrerie : les premiers juges étaient astreints à prononcer la peine ordinaire du crime; il n'appartenait qu'au parlement, sur appel, d'atténuer ou de supprimer la peine, selon les circonstances.

C. Crimes commis par les noctambules ou somnambules.

Exemption de peine fondée sur l'assimilation faite par une loi romaine entre le fou et l'homme plongé dans le sommeil. Mais on exceptait le cas où le somnambulisme était devenu un état habituel : « Comme

» il n'avait tenu qu'au noctambule d'éviter le crime...,
» soit en se faisant enfermer dans sa chambre, soit en
» faisant coucher quelqu'un avec lui, il ne devait
» pas être regardé comme absolument exempt de
» dol (1). » Voilà une décision bien rigoureuse.

Cas fortuit.

Ici nos anciens criminalistes allaient, de préférence,
puiser leurs solutions dans le droit canonique. Ils distinguaient avec soin : 1° le cas imprévu (qu'on aurait
pu prévoir), 2° la faute (qu'on aurait dû prévoir), 3° la
force majeure (que nulle prévision n'aurait écartée),
4° le cas fortuit. Le cas fortuit fait cesser le crime.

Force majeure.

Nos anciens criminalistes, citant fort mal à propos
la loi 104 *de regulis juris*, distinguaient deux sortes de
force majeure, l'une provenant de la nature, l'autre
provenant du fait de l'homme, et rangeaient dans cette
dernière catégorie : 1° la contrainte morale, 2° la légitime défense.

Pour déterminer le caractère de la contrainte morale, ils s'attachaient aux lois 5 et 6, *quod metus causa*,
et singulièrement à la loi 13 *Cod. de Transactionibus*.
La contrainte morale n'est une cause d'exemption de
la peine, d'après ce dernier texte, que si l'accusé s'est
trouvé dans un danger évident de perdre la vie ou d'être
tourmenté dans son corps. Heureusement on avait dé-

(1) Muyart de Vouglans.

couvert dans la loi 49, *ad legem Aquiliam*, un tempérament à cette solution : « Il y a cependant un cas par-
» ticulier où la loi met au nombre des justes craintes
» celle qui n'aurait pour objet que la conservation des
» biens, comme lorsque, pour garantir sa maison de
» l'incendie, on démolit celle de son voisin (1). »

Il n'y avait légitime défense qu'à trois conditions :
1° il s'agissait de sauver la vie ou l'honneur, 2° la défense devait être précédée d'une attaque faite à main
armée et avec avantage de la part de l'agresseur, 3° la
défense devait suivre immédiatement l'attaque. Ici nos
anciens criminalistes recouraient encore de préférence
aux textes accumulés dans le titre ii du livre ix des
Pandectes, *ad legem Aquiliam*. Cette fois, du reste, on
pouvait raisonner par voie d'induction, ce titre contenant à peu près tous les éléments d'une théorie de la
légitime défense.

On sait enfin que, pour arriver à l'exemption de la
peine en cette matière, il fallait nécessairement recou-
rir à des lettres du prince, et cela, prétendaient
les criminalistes, sur le fondement de cette maxime
de notre droit public, qui ne permet à qui que ce soit
de se faire justice à soi-même (2). C'est une étrange
interprétation d'une pareille maxime.

Ignorance.

Le droit civil est toujours la préface obligée du droit
criminel. On appliquait aux matières pénales la dis-

(1) Muyart de Vouglans.
(2) V. en outre la déclaration du 22 novembre 1683.

tinction du droit romain entre l'ignorance de droit et
l'ignorance de fait. On subdivisait. L'ignorance du
droit naturel n'était pas excusable; l'ignorance du
droit positif pouvait être excusée chez les personnes
rustiques, les femmes, les voyageurs, etc. On justifiait
cette solution par une fausse interprétation des lois 2,
§ 2, et 49, *de juris et facti ignorantia.* On appliquait enfin à l'ignorance de fait cette maxime de la coutume de
Bretagne : *Le juge peut absoudre des cas advenus par for-
tune et ignorance.*

Erreur.

Il y a cette différence entre l'erreur et l'ignorance,
dit Muyart de Vouglans, que celle-ci suppose un défaut absolu de connaissance du mal qui est résulté de
ce qu'on a fait ; au lieu que la cause qui donne lieu à
l'erreur pouvant être innocente ou criminelle par elle-
même, il suit de là qu'il y a des cas où l'erreur peut
faire excuser le crime, et d'autres où elle ne l'excuse
point.

Ici nos anciens criminalistes s'embarrassaient dans
les distinctions de la loi romaine. Muyart de Vouglans,
après avoir rangé parmi les cas d'excuse celui où Gaius
Seius, voulant frapper son esclave, frappe un homme
libre, déclarait Gaius Seius non excusable, s'il tuait un
esclave croyant tuer une personne libre. La première
solution est tirée de la loi 4 *de Injuriis.* En effet, l'*intention d'insulter* était nécessaire pour constituer le délit
d'*injure*; la seconde solution est tirée d'un texte romain
qui n'a trait qu'à l'application de l'*actio legis Aquiliæ.*

Une fois ces principes posés, nos anciens criminalistes n'avaient guère besoin de spécifier, à propos de chaque délit, à quels faits le juge devait attacher l'exemption ou l'atténuation de la peine. Les peines étaient tantôt légales, tantôt fondées sur l'usage, tantôt arbitraires. Jousse, après avoir posé cette règle que les juges ne peuvent augmenter ni diminuer la peine établie par la loi, déclare que la loi laisse la *proportion* de la peine à l'arbitrage des juges. Ceux-ci « peuvent, selon les circonstances de chaque
» action et suivant l'atrocité ou la légèreté du crime,
» augmenter ou diminuer la peine, et la faire passer,
» pour ainsi dire, par tous les différents degrés qu'il
» y a entre l'absolution et la peine établie par la loi. »
Quant aux peines fondées sur l'usage, comme celle-ci :
« La femme qui assassine son mari est condamnée à
» mort, à avoir le poing coupé, son corps mort brûlé
» et les cendres jetées au vent », Jousse n'est pas
moins explicite : « Quoique ces peines soient déter-
» minées par l'usage et qu'elles soient fondées sur le
» droit commun du royaume, néanmoins les juges
» ne sont pas tellement assujettis à cet usage qu'ils
» ne puissent les augmenter ou diminuer. » Pour les
peines arbitraires, le doute n'est pas possible : « Les
» juges peuvent, dans tous ces cas qui n'ont pas été
» prévus par la loi, et pour lesquels il n'y a aucun
» usage constant, imposer, suivant les différentes cir-
» constances et la nature du délit, la peine qu'ils
» jugent convenable, soit corporelle ou pécuniaire,

» pourvu que cette peine soit du nombre de celles » qui sont en usage dans le royaume. » Jousse n'énonce pas d'autres restrictions.

Ainsi donc le juge, investi d'un immense pouvoir, était rarement astreint à conformer la sentence au texte inévitable d'une loi pénale. Mais, sur quelques points, il fallait limiter ce pouvoir, ou bien encore heurter la tradition, ou rompre avec les lois romaines, ou quelquefois en étendre la portée.

La loi romaine, par exemple, usait d'indulgence envers les parents, recéleurs des coupables. Un édit du 17 décembre 1559 assimila les parents aux autres recéleurs, quand il s'agissait de « sujets condamnés...... au » supplice de mort ou autres grandes peines corpo- » relles, ou bien bannis de notre royaume, etc. »

Les criminalistes s'appuyaient sur l'article 6 de l'édit d'Amboise, de janvier 1566, pour déclarer qu'il y avait lieu de modérer la rigueur des peines, lorsque les huissiers auxquels aurait été faite la rébellion, ne se seraient point eux-mêmes mis en règle en procédant à l'exécution des jugements.

Ils rompaient avec la tradition romaine en regardant comme non excusable l'homicide commis par un père ou un mari qui surprendrait sa femme ou sa fille en adultère. Cette sorte d'homicide n'est point tolérée par nos lois, dit un ancien jurisconsulte. Mais Muyart de Vouglans prend soin d'avertir que le prince, en pareil cas, ne refuse jamais des lettres de grâce.

On se demandait s'il fallait exempter de la peine de

la confiscation les suicides qui se commettent par l'effet d'un grand chagrin.

Pour l'affirmative on s'appuyait sur la loi 3 § 4, *de bonis eorum qui ante sententiam*, sur la coutume de Normandie (art. 149, ch 9), sur l'autorité de Coquille et sur ce motif que le crime n'avait pas été commis dans une entière liberté d'esprit.

Pour la négative, on invoquait les Capitulaires de Charlemagne (1), le chapitre 88 des établissements de Saint-Louis et l'autorité de Loysel (2).

L'article 3 de la déclaration du 4 mars 1724 était ainsi conçu :

« Ceux ou celles qui n'ayant encore été repris de jus-
» tice se trouveront pour la première fois convaincus de
» vol, autre que ceux commis dans les églises, ou vol
» domestique, ne pourront être condamnés à moindre
» peine que celle du fouet et d'être flétris d'une marque
» en forme de la lettre V, sans préjudice de plus grande
» peine s'il y écheoit, suivant l'exigence des cas... »

Notre ancienne jurisprudence admet néanmoins trois sortes d'exceptions ou d'excuses en pareille matière.

I. Exception pour les insensés et les impubères, avec les restrictions ci-dessus indiquées (3).

(1) Capit. Karol Magni. l. 6. c. 70.

(2) Liv. 6, tit. 2, max. 17.

(3) Quand les impubères, *doli capaces*, avaient commis un vol qualifié, puni d'une peine *capitale*, ils étaient *pendus sous les aisselles*. « Cette » peine, introduite dans notre jurisprudence, dit Muyart de Vouglans, » ne s'emploie que contre les impubères et non adultes qui ont participé » à des crimes graves, pour lesquels ils seraient dans le cas de subir » le dernier supplice, s'ils étaient d'un âge plus avancé. »

11. Excuse absolutoire pour la femme qui vole son mari, pour le fils de famille qui vole ses père et mère, pour l'héritier qui vole son cohéritier, pour l'associé qui vole son coassocié.

La femme était excusée, « parce que l'on peut pré-» sumer que les soustractions ont été faites à d'autre » intention que celle de voler (1). » On invoquait la loi 1 *de actione rerum amotarum.* On remarquait, en outre, que l'action infamante, intentée contre la femme, aurait réfléchi nécessairement contre le mari et com-promis l'honneur du mariage. Pour excuser le fils de famille on rappelait, en citant la loi 16 *de furtis*, que le père *étant censé une même personne avec son fils ne pouvait exercer aucune action contre ce dernier.* C'était une idée toute romaine. De plus on faisait observer que l'action infamante, intentée contre le fils, aurait com-promis l'honneur de la famille. L'héritier qui s'est em-paré des effets d'une succession commune est encore excusé. Muyart de Vouglans a tort d'appuyer ici la théorie de notre ancien droit sur la loi 2, § 1, *Expilatæ hereditatis.* Ce texte s'occupe des soustractions faites par un tiers à une succession quelconque. Le fonde-ment de cette théorie se trouve bien plutôt dans la loi 3 *Cod. familiæ erciscundæ. Expilatæ enim hereditatis crimen frustra coheredi intenditur, cum judicio familiæ erciscundæ indemnitate ejus prospiciatur* (2). « Enfin

(1) Muyart de Vouglans.

(2) Du reste, Pothier remarque avec raison que ce motif ne suffirait pas; car la pétition d'hérédité compète à l'héritier contre un tiers. Il faut chercher le fondement de cette excuse dans la *communio,* dans l'état

» quant à l'associé, c'est encore sur le fondement de
» ces mêmes principes que nous n'admettons point
» l'action criminelle contre lui pour les soustractions
» qu'il aurait faites des effets de la société auxquels
» cette qualité lui donne un droit général. Nous ex-
» ceptons néanmoins, avec la loi romaine (1), le cas
» où il y aurait preuve évidente de dol et d'abus de
» confiance de sa part; nous ne le distinguons point
» pour lors des autres étrangers (2). » Qu'est-ce à
dire? la qualité d'associé aboutit moins à une excuse,
comme on le voit, qu'à l'établissement de cette présomption : *Eum qui partis dominus est jure potius suo re
uti quam furti consilium inire* (L. 51, *pro socio*). Si la
présomption cède à la preuve contraire, *indubitate di-
cendum est furti actionem competere* (L. 45, *de furtis*).

Un autre principe, tiré de la loi 52, § 2 et 3, *de furtis*, c'est que, dans tous ces cas, il y a lieu de poursuivre et de punir les complices du vol.

Mais une distinction fort sage s'introduisit dans la
jurisprudence; on établit une excuse atténuante au
profit de ceux qui n'avaient participé au vol que pour
le profit particulier de la femme ou des héritiers :
ceux-là furent punis du simple bannissement.

III. Voici la troisième exception. La poursuite ne va
pas jusqu'au *règlement à l'extraordinaire;* au lieu de

d'indivision, *ut non videatur expilasse quis res quæ pro parte ipsius
erant.*

(1) C'est ce qui résulte de la combinaison des lois 51 *pro socio* et 45
de furtis.

(2) Muyart de Vouglans.

prononcer ce règlement, l'affaire doit être *civilisée* par
le renvoi à l'audience ou par la conversion des infor-
mations en enquête, parce que ces condamnations se
résolvent ordinairement en dommages-intérêts. Il s'a-
git des vols de simple usage ; exemples : les dépositaires ou séquestres-gardiens abusent des choses qui
leur ont été confiées ; le fermier retient la jouissance
des lieux affermés depuis l'expiration de son bail ; le
débiteur dérobe à son créancier le gage qu'il lui avait
donné ; le commodataire abuse du prêt ; le commis
retient l'argent que son maître l'avait chargé de rece-
voir ; l'artisan se sert des habits, linges ou autres objets qui lui sont confiés. Dans tous ces cas pourtant,
sauf quelques distinctions subtiles, le droit romain
donnait l'*actio furti*.

M. Ortolan a parfaitement apprécié l'influence du
droit romain sur notre ancienne législation criminelle :

« Il s'en faut de beaucoup que les jurisconsultes ro-
» mains aient traité ce qui concerne le droit pénal
» avec cette supériorité de raison et cette valeur scien-
» tifique que nous rencontrons dans leurs écrits sur
» certaines matières de droit privé... » Cependant
» pour la pénalité les textes romains, nommés souvent
» la loi écrite, ont été reconnus comme droit com-
» mun en tout ce qui n'était pas réglé différemment
» par des statuts spéciaux ou par la coutume. Les ju-
» risconsultes de droit pénal ont montré la même ha-
» bileté que les jurisconsultes de droit civil à plier aux
» usages et aux choses de leur temps ces textes faits

» pour une tout autre société ; ils ont puisé, au besoin,
» dans les décisions données pour les matières ci-
» viles, et ils ont étendu, par analogie, ces décisions
» aux matières criminelles ; enfin ils ont continuelle-
» ment et systématiquement appliqué au droit pénal
» proprement dit ce que les jurisconsultes romains
» avaient écrit uniquement de ces sortes d'actions
» naissant des délits privés, qui prenaient l'épithète
» de pénales, mais qui n'étaient en réalité que des ac-
» tions civiles pour la poursuite d'obligations privées.
» C'est ainsi que s'est assise et constituée, avec le se-
» cours fréquent du droit romain interprété suivant
» les besoins de l'époque, l'ancienne jurisprudence
» criminelle européenne, et, par conséquent, la
» nôtre (1). »

(1) Eléments de droit pénal, p. 26 et 27.

THÉORIE DES EXCUSES

Dans le Droit criminel postérieur à la Révolution de 1789.

Je veux exposer la théorie des excuses dans notre droit criminel. Je diviserai cette étude en trois parties : dans la première, je définirai l'excuse et je me demanderai quelle place on doit lui faire dans une bonne législation ; dans la seconde, je m'occuperai des systèmes organisés par les Codes de 1791 et de l'an IV ; dans la troisième, j'analyserai les textes de notre Code pénal.

CHAPITRE I.

NOTIONS THÉORIQUES.

Un délit vient d'être commis. L'homme ne peut pas dire : à *tel* délit *telle* peine, sans se soucier du reste. La tâche des tribunaux criminels n'est pas si facile : il ne suffit pas de constater un fait, d'ouvrir un Code, et de voir si la loi répressive a réellement prévu l'acte accompli. Le même remède ne va pas à tous les malades, la même peine à tous les coupables.

D'abord le juge doit se demander si ce fait est punissable. Le préjudice est manifeste; la liberté individuelle a été violée; un citoyen vient d'être lésé dans ses droits : voilà bien l'apparence du délit; ce n'est pas le délit. Expliquons-nous.

Cet homme doit être emprisonné pour dettes; un officier public l'arrête : la justice vient d'ordonner une saisie ; un officier public l'exécute : la Cour d'assises a condamné à mort un assassin, un parricide, un empoisonneur; le sang coule sur la place publique. Il y a là violation de la liberté, violation de la propriété, homicide : mais quel homicide et quelle violation? La loi parle et l'agent de l'autorité s'avance pour obéir. Est-ce une *excuse*, cet ordre de la loi? Non sans doute, car cet agent de l'autorité, c'est la loi vivante, et la loi n'a pas besoin de s'excuser. La société ne peut pas dire à ses agents : Vous m'avez obéi , donc je vous *excuse*; elle leur dit : Vous qui m'avez obéi , je vous *justifie*.

Quand un homme est en état de légitime défense , c'est-à-dire quand le mal commis était indispensable, et qu'il n'y avait aucun autre moyen de maintenir la force au droit, cette fois encore le législateur *justifie* au lieu d'excuser. Comme l'officier public dans une exécution ou dans une arrestation, cet homme obéit à une loi supérieure : il peut, il doit se conserver. Or, la loi ne punit pas ce qu'elle ordonne : elle ne saurait prescrire et frapper le même acte. Si la légitimité de la défense n'est pas complète, absolue, la question change ; mais je n'examine pas cette hypothèse. La légitimité de la défense est-elle hors le doute ? le fait commis en état de légitime défense est conforme au droit.

Descendons d'un degré. Des faits *justificatifs* passons aux faits non *imputables*. L'imputabilité peut disparaître sans que la loi *justifie* l'acte.

Voici un vol, un viol, un meurtre : c'est un fou qui l'a commis. Le fou n'a plus la conscience de son action, mais la loi ne la déclare pas conforme au droit. Cet homme n'est pas coupable parce qu'il n'avait ni sa raison morale, ni sa liberté : mais il n'est pas justifié.

Ce vol, cet homicide, a été commis par une personne en état d'ivresse. Si l'ivresse est *accidentelle* et que la liberté soit complètement altérée, l'imputabilité disparaît évidemment. Elle disparaît même, à notre avis, toutes les fois qu'on ne s'est pas enivré volontairement pour s'exciter à commettre le crime, si toutefois l'ivresse est complète. Où serait la justice, où serait l'intérêt du corps social à frapper un automate ? C'est comme on l'a très-bien dit, au délit d'ivresse plus ou moins aggravé, suivant les circonstances, que s'appliqueront l'imputabilité, la responsabilité pénale, s'il existe un délit d'ivresse.

Des jurisconsultes, des médecins, ont voulu soutenir l'imputabilité des actes commis en état de somnambulisme, comme si la justice humaine avait les moyens, le besoin et le droit de s'enquérir des actions commises pendant le sommeil (1). Ils ont prétendu, disent les auteurs de la Théorie du Code pénal, « que, si l'agent avait une inimitié capitale,

(1) V. Rossi. Traité du Droit pénal, t. 2, p. 187.

» le crime lui serait imputable, parce que le crime ne serait
» alors qu'une exécution des sentiments criminels qu'il aurait
» nourris pendant son réveil. » Quelle fragile présomption !
Notre liberté dort avec nous : la répression est impossible.

De même, si la monomanie étouffe la raison morale et la
liberté, en quel nom et de quel droit demander une expiation ?

Quant à la contrainte morale, tout a été discuté. Barbeyrac
semble n'y voir qu'une cause d'atténuation « parce qu'il n'est
» pas absolument au-dessus de la fermeté de l'esprit humain
» de se résoudre à mourir plutôt que de manquer à son
» devoir. » Cette belle raison condamne le système : la loi
ne saurait punir le premier venu de ne pas s'être conduit en
héros. Le Parlement de Paris alla plus loin et viola les plus
simples notions de justice en condamnant le bourreau
Jean Roseau à être pendu pour homicide, parce qu'il avait
prêté son assistance à l'exécution du président Brisson, sur
l'ordre du chef des ligueurs. La crainte d'un grand péril
a-t-elle paralysé la raison morale et la liberté ? Voilà la question : la crainte d'un grand péril peut aller jusque-là. Les
auteurs de la Théorie du Code pénal, appuyés sur un texte
romain (1), semblent déclarer l'agent pénalement responsable
si le péril n'a menacé que ses biens. Même dans ce cas « il
» pourra se faire, répond très-bien M. Ortolan, qu'une me-
» nace dans ses biens, si la perte était considérable et le
» délit peu grave, ait assez influé sur sa liberté pour faire
» disparaître toute culpabilité pénale. » Jusqu'à quel point
la liberté a-t-elle été comprimée? C'est un problème que les
tribunaux criminels auront à résoudre.

Eh bien! dans toutes ces hypothèses, il n'y pas encore
d'excuse. J'ai procédé par élimination. Pourquoi mettre à
part les cas de non-imputabilité? Ma réponse est simple :

(1) L. 13. C. De Transactionibus.

L'*excuse* suppose l'imputabilité. J'arrive enfin à une définition : l'excuse est un fait qui, tout en laissant subsister un
fond de culpabilité, a pour conséquence une diminution,
quelquefois une exemption totale de peine (1). Mais ce langage n'est pas encore le langage même de tous les Codes.

En effet, parmi les circonstances qui peuvent entraîner
soit une diminution, soit une exemption de peine, les unes
sont déterminées par la loi, les autres par le juge.

Si la langue du délit criminel est bien faite, la diversité
des mots marque la diversité des idées. On réserve le nom
d'*excuses* aux circonstances absolutoires ou atténuantes prévues et déterminées par la loi ; et dès-lors cette définition
de M. Ortolan devient parfaitement juste, même en dehors
des textes du droit positif : « L'excuse est un fait *spéciale-
» ment déterminé par la loi*, qui, tout en laissant subsister
» un certain fond de culpabilité, a pour conséquence une di-
» munition ou quelquefois même une exemption totale de
» peine. »

Divisons les excuses après les avoir définies.

On peut diviser les excuses d'après leurs effets, et d'après
leur origine.

Les excuses sont *absolutoires* ou *atténuantes* : c'est ce qui
ressort du texte de la définition. La peine, y est-il dit, sera
tantôt diminuée, tantôt supprimée.

Ces deux mots liés ensemble « *excuse absolutoire* » n'empor-
tent-ils pas contradiction ? Si le fait n'est pas imputable, il n'y
a pas d'*excuse*, car l'excuse laisse subsister la culpabilité : si
le fait est imputable, qu'on le punisse en mitigeant plus ou
moins le châtiment, mais qu'on le punisse. Cette inflexible
théorie serait celle d'une législation pénale fondée sur l'idée
de justice absolue. Or la justice et l'intérêt social doivent se
combiner : si la société n'a pas d'intérêt à frapper, de quel droit

(1) Ortolan. Eléments de droit pénal, p. 159.

frapperait-elle ? Bien plus, elle a peut-être quelque intérêt à s'abstenir de frapper. Par exemple, quand des détenus s'évadent, notre Code pénal édicte une peine contre les gardiens négligents ; mais il offre en même temps une prime d'encouragement aux gardiens qui veulent réparer leur faute , si les évadés sont repris ou représentés dans le plus bref délai. Ce retour ne fait pas disparaître la culpabilité, mais la nécessité sociale de la répression. L'excuse est *absolutoire*.

Un raisonnement serré nous mène à cette conséquence : si l'on divise les excuses , d'après leur source , en excuses fondées ou sur la justice, ou sur l'utilité sociale, toutes les excuses absolutoires sont de la seconde catégorie, puisque malgré l'imputabilité qui subsiste, le législateur reste désarmé. Si la justice consacre l'imputabilité de l'acte, comment la loi s'abstiendra-t-elle de punir dans une vue d'équité ? Le juste et l'injuste sont très-distincts l'un de l'autre ; mais il n'y a ni deux morales, ni deux justices. A notre avis , et malgré l'opinion contraire d'un criminaliste éminent , toutes les excuses absolutoires sont fondées sur des motifs d'utilité sociale. Quant aux excuses atténuantes, elles sont fondées tantôt sur l'intérêt social , tantôt sur la justice.

On pourrait concevoir une troisième division des excuses, selon qu'elles influent sur la culpabilité absolue ou sur la culpabilité individuelle. L'excuse de la minorité influe sur la culpabilité abstraite. Au contraire, quand le législateur édicte une peine, il doit laisser au juge une certaine latitude pour l'application de cette peine aux cas spéciaux ; or peut-on dire, dans un langage précis et scientifique, que si le juge applique le *minimum* de la peine , les faits de nature à provoquer cette indulgence doivent être rangés parmi les cas d'excuse ? Je ne le pense pas. La loi, par exemple, punit tel délit d'un emprisonnement qui varie de deux ans à cinq ans : le juge, qu'il applique le *maximum* ou le *minimum* de la peine, applique purement et simplement la loi.

Ces prétendus cas d'excuse auraient plutôt quelque analogie avec les circonstances atténuantes : ici, comme dans la théorie des circonstances atténuantes, le juge reste maître d'adoucir ou non la pénalité. Dans les cas d'excuse, il n'en est pas de même : si le fait est constant, la loi parle et le juge obéit. Un Code pénal, sans doute, pourrait dire : si le juge trouve le fait *excusable*, il appliquera le *minimum* de la peine ; mais alors le mot *excuse* aurait, dans le langage du droit criminel, deux sens bien différents. D'ailleurs en prenant ce mot dans cette dernière acception, comment exposer une théorie des excuses ?

CHAPITRE II.

CODES DE 1791 ET DE L'AN IV.

Code pénal de 1791.

Le législateur a deux partis à prendre.

Il peut, en déterminant lui-même les cas où la peine doit être atténuée ou supprimée, multiplier les cas d'excuse.

Il peut se fier plus complétement au juge et renoncer à fixer les cas d'excuse, ou les fixer avec très-grande réserve.

Le législateur de 1791 s'arrête à ce dernier parti.

L'appréciation de l'intention, en matière de délits de police municipale et de police correctionnelle, rentre dans les pouvoirs généraux du juge chargé de statuer sur la culpabilité. Mais au grand criminel la loi veut qu'après la première question : « Tel fait est-il constant?.. » et la seconde : « L'accusé est-il convaincu de l'avoir commis?.. » le jury puisse scruter les motifs, les circonstances et la *moralité* du fait. La loi ordonne aux jurés, lorsqu'ils ont reconnu que le délit existait et que l'accusé l'avait commis, « de faire une troi- » sième déclaration d'équité sur les circonstances particu- » lières du fait. » « Ils examineront la moralité du fait, dit » l'instruction du 20 septembre 1791, c'est-à-dire, *les cir- » constances de volonté, de provocation, d'intention, de » préméditation,* qu'il est nécessaire de connaître pour » savoir à quel point le fait est coupable. » C'était dans cette série de questions *intentionnelles*, dit M. Ortolan, que pouvaient venir se ranger, sans aucune détermination de la loi, quelques-unes des circonstances absolutoires invoquées par l'accusé.

La Constituante entend laisser au jury la plus grande latitude : voilà le principe. Dès lors, elle ne saurait organiser un système d'excuses absolutoires : la loi ne veut pas s'exprimer elle-même. Citons pourtant quelques textes.

L'article 25 de la section 3 du titre Ier (2e partie), s'exprime ainsi : « Dans tous les cas mentionnés en la présente section,
» et dans les précédentes, où les ministres sont rendus res-
» ponsables des ordres qu'ils auront donnés ou contre-signés,
» ils pourront être admis à prouver que leur signature a été
» surprise, et, en conséquence, les auteurs de la surprise
» seront poursuivis, et, s'ils sont convaincus, ils seront
» condamnés aux peines que le ministre aurait encourues. »

La loi est impérative. Il suffit que le ministre *soit admis* à faire cette preuve, et qu'il la fasse. Voilà un cas d'excuse absolutoire.

En voici un autre, écrit dans l'article 16 de la section 1re du titre II (2e partie). « Si, toutefois, avant l'empoisonne-
» ment effectué ou avant que l'empoisonnement des aliments
» et breuvages ait été découvert, l'empoisonneur arrêtait
» l'exécution du crime, soit en supprimant lesdits aliments
» ou breuvages, soit en empêchant qu'on en fasse usage,
» l'accusé sera acquitté. »

Déterminons cette hypothèse; il s'agit là d'une tentative inachevée : c'est l'empoisonneur qui l'a suspendue lui-même. Remarquons-le bien, la loi dit : *l'empoisonneur.* Elle le considère encore comme un coupable, parce que, d'après toutes les données de la science, le délit est commencé. Mais l'utilité sociale commande ici de donner à l'empoisonneur un grand intérêt à s'arrêter; cet intérêt, c'est l'impunité même. Il est évident que, si l'exécution du crime est arrêtée par une circonstance fortuite, l'article du Code de 1701 est inapplicable.

Ces deux excuses absolutoires sont fondées sur des motifs d'utilité sociale. En effet, un certain fond de culpabilité subsiste dans les deux cas : le ministre n'aurait pas dû laisser surprendre sa signature. La loi, par l'espoir d'un acquittement, l'excite à rechercher les auteurs de la surprise : l'intérêt social exige encore une certaine indulgence envers des fonctionnaires chargés de veiller à tant d'intérêts publics. Dans le second cas, il faut, avant tout, détourner le coupable de la consommation du crime.

Le Code pénal de 1791 nous offre aussi deux cas d'excuses atténuantes: la minorité de seize ans, la provocation violente en cas de meurtre.

Les jurés décideront, dans les formes ordinaires de leur délibération, la question de savoir si le mineur de seize ans a commis le crime avec ou sans discernement. Dans ce dernier cas, le coupable est acquitté ; mais le tribunal criminel pourra, suivant les cas, ordonner que le coupable soit rendu à ses parents ou conduit dans une maison de correction, pour y être élevé et détenu pendant tel nombre d'années que le jugement déterminera et qui, toute fois, ne pourra excéder l'époque à laquelle il aura atteint l'âge de vingt ans. Est-il décidé, au contraire, que le mineur a commis le crime avec discernement? Ici se placent les cas d'excuses; nous n'avions tout à l'heure qu'un des cas de non-culpabilité. La peine sera mitigée dans une vue d'équité. Si le coupable a encouru la peine de mort, il sera condamné à vingt années de détention dans une maison de correction : s'il a encouru les peines des fers, de la réclusion dans les maisons de force, de la gêne ou de la détention, il sera condamné à être renfermé dans la maison de correction pendant un nombre d'années égal à celui pour lequel il aurait encouru l'une desdites peines à raison du crime qu'il a commis. Enfin, le mineur de seize ans ne devait subir l'exposition que dans un seul cas, quand la peine de mort aurait été commuée en vingt années de détention dans une maison de correction, auquel cas l'exposition devait durer six heures.

Nous examinerons la valeur théorique de ce système à

propos du Code pénal de 1810, qui reproduit en cette matière les principales règles du Code pénal de 1791. Mais nous devons, dès à présent, nous demander à quelle influence historique peut se rattacher le choix de ce chiffre, *seize ans accomplis*, déterminé par l'article 1ᵉʳ du Titre V (première partie). Il est impossible d'en apercevoir la trace dans notre ancienne législation. M. Ortolan cite, dans une note de son ouvrage, un texte de la *Somme rural de Jehan Bouteiller* : « sçachez que du fait d'advocacerie par le droit escrit sont » privez mineurs de seize ans, pour la raison que trop grande » jeunesse et petite constance est encores en eux. » M. Ortolan fait remarquer que le texte romain auquel le jurisconsulte fait allusion, porte dix-sept ans (1), et que suivant la déclaration du 17 novembre 1690, générale pour toutes les universités, c'est pour la première inscription en droit et non plus pour la profession d'avocat que l'âge de seize ans accompli est exigé. Rien n'annonce jusqu'ici la théorie de l'assemblée constituante.

Au contraire, nous avons vu que l'ancienne jurisprudence française considérait généralement comme non imputables les délits commis par les enfants et par les personnes plus près de l'enfance que de la puberté, c'est-à-dire par les femmes mineures de dix ans, par les hommes mineurs de dix ans et demi ou onze ans. Désormais l'acte devenait imputable, mais moins aux impubères qu'aux pubères, moins aux pubères mineurs qu'aux majeurs. D'ailleurs, fait observer M. Ortolan, le brocard *Malitia supplet œtatem* permettait au juge de décider autrement dans les cas exceptionnels, et le principe de la gradation progressive des peines cessait

(1) Il nous semble même que la l. 1 §. 3 *De postulando*, d'où Bouteiller tire sa solution, exige dix-sept ans *accomplis*. La loi 13 de *Manumissis vindictâ* emploie même les expressions *dummodo non minor annis decem et octo sit*.

6

pour les crimes qualifiés *atroces*, tels que ceux de lèse-majesté divine ou humaine, l'assassinat et l'empoisonnement.

Du reste, le Code pénal ne statuait pas sur les délits de police municipale ou de police correctionnelle : les juges, dans le silence de la loi du 10 juillet 1701, restaient sans règle législative.

Voici le second cas d'excuse atténuante (1) : « Lorsque le » meurtre sera la suite d'une provocation violente, sans toutefois que le fait puisse être qualifié homicide légitime, il » pourra être déclaré excusable, et la peine sera de dix années de gêne. La provocation par injures verbales ne » pourra, en aucun cas, être admise comme excuse de » meurtre. Si le meurtre est commis dans la personne du » père ou de la mère légitimes ou naturels, ou de tout autre » ascendant légitime du coupable, le parricide sera puni de » mort, et l'exception portée au précédent article ne sera » point admise. » Nous examinerons ultérieurement les motifs et la valeur théorique de cette excuse.

La discussion du 4 juin 1701, à l'Assemblée nationale, donne quelques éclaircissements sur cet article et sur la théorie générale des excuses organisée par la Constituante.

Lanjuinais ayant critiqué l'abolition des lettres de grâce, il lui fut répondu que le droit de miséricorde existait dans la nouvelle législation criminelle : on rappela que l'homicide involontaire donnait lieu jadis aux lettres de grâce, mais qu'aujourd'hui l'usage en était inutile, puisque la première question proposée aux jurés était : Le fait a-t-il été commis volontairement? et qu'un verdict négatif entraînait un acquittement. L'homme qui tue volontairement, mais pour se défendre, est encore absous par la seule déclaration du jury. La question de savoir si le fait a été commis par négligence ou par imprudence est proposée au jury d'accusation, et sur

(1) Art. 9 et 10 de la section I du titre II (2ᵉ partie).

une déclaration affirmative, l'accusé est renvoyé au tribunal correctionnel : « Epuisons tous les cas, poursuit l'orateur.
» Un homme a pu être tué volontairement ; il a été tué sans
» imprudence ; mais cependant il a existé dans le fait quel-
» ques circonstances atténuantes. *Par exemple, l'homme qui*
» *a donné la mort a été provoqué d'une manière grave.* Il
» n'avait cependant pas le droit de donner la mort ; sa pro-
» pre vie n'était pas en danger. Il est coupable, mais il l'est
» moins que celui qui a tué de dessein prémédité. Aussi
» existe-t-il dans notre Code pénal une disposition particu-
» lière, parce qu'il a existé dans le fait quelques circons-
» tances qui en atténuaient la gravité.

» Poussons plus loin les hypothèses, et parcourons toutes
» les objections. On dit que l'homme a pu être tué sans que
» le fait eût été accompagné d'aucune des circonstances dont
» je viens de parler, mais que cependant l'accusé peut encore
» être, sous certains égards, *excusable ; que les grands*
» *services qu'il a rendus à la patrie peuvent faire pardonner*
» *la fougue d'un tempérament violent.* Eh bien ! notre loi
» criminelle prévoit encore ces inconvénients, et après que
» toutes les questions précédentes ont été posées et soumises
» aux jurés, on vient encore leur dire : Descendez dans votre
» cœur ; voyez dans toutes les circonstances du crime s'il
» existe un motif d'excuse.

» C'est là qu'est exercé, au nom de la société, le droit
» de miséricorde, mais une miséricorde raisonnable et
» réfléchie. »

Malouet s'écria que lorsque les jurés avaient déclaré le
délit excusable, c'était là le moment d'appliquer le droit de
miséricorde, et demanda qu'après la déclaration d'excusabilité, l'accusé fût renvoyé pardevant le roi. D'après Lepel-
letier, il y avait deux réponses fort simples à faire à la pre-
position de Malouet : l'une était l'article de la loi sur la procédure par jurés portant que : « Quand le jury aura répondu

» *excusable*, le juge prononcera que l'accusé est innocent ; »
l'autre, c'est que la justice devant être rendue au nom du
roi, il en résultait que le tribunal en prononçant *l'accusé est
acquitté* prononce réellement ce jugement au nom du roi.
L'amendement de Malouet fut rejeté à une grande majorité.

Il est assez étrange de voir ici la déclaration d'excusabilité représentée comme l'exercice d'un droit de grâce confié
à la nation et délégué au jury.

La loi du 16 septembre 1791 s'exprime ainsi : Lorsque les
jurés auront déclaré que le fait de l'excuse proposée par le
président est prouvé, les juges prononceront ainsi qu'il est
dit dans le Code pénal. Mais le Code pénal n'employait
qu'une seule fois le mot *excusable*, à propos de la provocation, et réduisait la peine de vingt années de fers à dix
années de gêne. Le sens juridique du mot *excuse* était-il donc
fixé ? L'instruction du 29 septembre 1791 vint parler assez
vaguement, dans une note, de la *prononciation d'excusable*. Il
s'agit, dans le texte, de la *provocation*. C'est particulière-
ment aux faits de cette nature, dit la note, que se rapporte
la prononciation d'*excusable*, mesure juste et salutaire qui
fait concourir l'équité avec la justice. *Les lettres de grâce
étaient destinées à remplir cet objet dans l'ancien régime.*

Il y a donc, en définitive, deux sortes d'excuses dans le
langage des lois criminelles de la Constituante.

1° Dans certains cas prévus par la loi, la peine est nécessairement atténuée ou supprimée ;

2° Dans certains cas, non prévus par la loi, le jury pourra
déclarer l'excusabilité. Comme la Constituante, au grand
criminel, établit des peines non susceptibles d'atténuation,
la conséquence est claire : ces excuses auront, comme le dit
l'instruction, l'effet des *lettres de grâce.*

On aperçoit bien vite les singulières conséquences d'un
pareil système. Merlin, dans son *Répertoire*, découvre

une foule d'excuses *improprement dites* qui devront influer sur la décision des tribunaux criminels, par exemple, *le repentir, les grands talents, la haute naissance, la longue détention dans les prisons, les services rendus à l'État.* Il blâme énergiquement les auteurs qui voudraient obliger les magistrats « à ne considérer que le crime et la loi », « à ne » prendre le crime que pour ce qu'il est matériellement », « et à n'avoir d'autre mesure pour le punir que le texte ma-» tériel de la loi. »

Nous montrerons plus loin le vice de cette théorie. Arrivons au Code de la Convention.

Code de brumaire an IV.

On sait que le Code des délits et des peines est avant tout un Code d'instruction criminelle. Il est bref quant à la péna-lité proprement dite et n'abroge pas les lois antérieures. La théorie du *maximum* et du *minimum* en matière correction-nelle, la théorie des peines fixes au grand criminel, la théorie des excuses atténuantes résultant de la provocation violente et de la minorité de seize ans ne sont pas changées. Néanmoins l'interprétation du système général de cette loi sur les excuses souleva d'immenses difficultés.

Citons d'abord les deux textes fondamentaux :

Art. 374. (Il s'agit des questions qu'on pose au jury). « La » première question tend essentiellement à savoir si le fait » qui forme l'objet de l'accusation est constant ou non ;

» La seconde, si l'accusé est, ou non, convaincu de l'avoir » commis ou d'y avoir coopéré.

» Viennent ensuite les questions qui, sur la moralité du » fait et le plus ou le moins de gravité du délit, résultent » de l'acte de l'accusation, de la défense de l'accusé ou du » débat.

» Le président les pose dans l'ordre dans lequel les jurés

» doivent en délibérer, en commençant par les plus favo-
» rables à l'accusé. »

*De la manière dont les tribunaux criminels doivent
prononcer lorsque les accusés sont déclarés excusables par
les jurés.*

Art. 646. « Lorsque le jury a déclaré que le fait de l'ex-
» cuse proposée par l'accusé est prouvé, s'il s'agit d'un
» meurtre, le tribunal criminel prononce ainsi qu'il est ré-
» glé par l'art. 9 de la section première du titre 2 de la
» seconde partie du Code pénal.

» S'il s'agit de tout autre délit, le tribunal réduit la peine
» établie par la loi à une punition correctionnelle qui, en
» aucun cas, ne peut excéder deux années d'emprisonne-
» ment. »

Or, à notre avis, voici ce qui résulte de ces textes :

1° Le jury aura les mêmes questions à résoudre que sous
l'empire de l'instruction législative du 29 septembre 1791.
C'est incontestable.

2° Le Code des délits et des peines fixe et maintient formellement le texte du Code pénal de 1791, relatif à l'excuse
de la provocation. C'est encore incontestable.

3° Mais l'article 646 va plus loin : il généralise cet adou-
cissement de peine toutes les fois qu'il s'agit d'un meurtre et
que le fait de l'*excuse* proposée par l'accusé est prouvé.
Cette proposition est contestée.

4° Supposons-la démontrée. Le Code des délits et des
peines, comblant une lacune, déroge au principe de la fixité
des peines au grand criminel toutes les fois que, pour un délit quelconque, le fait d'excuse est admis par le jury. La
déclaration d'excusabilité n'a plus l'effet des *lettres de grâce*.
Le tribunal réduit la peine établie par la loi à une punition
correctionnelle qui ne peut excéder deux années d'emprisonnement (art. 646).

Je ne prétends pas que ce système soit à l'abri de toutes

les critiques, mais je soutiens que le législateur de l'an IV
n'a pas eu d'autre système. Tout d'abord la jurisprudence
l'interdit ainsi.

Le Code des délits et des peines a-t-il entendu réagir contre
les lois criminelles de l'Assemblée constituante? Non sans
doute. Ce Code et ces lois sont généralement conçus dans le
même esprit, surtout en ce qui touche l'organisation des
juridictions. Le législateur de 1791, au lieu de concevoir lui-
même une théorie générale des excuses, prétendit laisser au
jury les plus larges pouvoirs d'appréciation. Il ne sut pas
distinguer entre les motifs d'atténuation qui peuvent influer
sur la culpabilité absolue et ceux qui peuvent influer sur
la culpabilité individuelle; il ne sut pas fixer les premiers
et les déterminer d'avance; en un mot, il ne comprit pas
la nécessité d'établir deux théories distinctes, l'une des
excuses, l'autre des circonstances atténuantes.

La Convention suivit la même voie. Le Code des délits et
des peines n'entendit innover que sur un point : la déclaration d'excusabilité allait aboutir à la réduction et non plus à
la suppression de la peine. Mais la théorie des questions
intentionnelles subsiste toujours; bien plus, c'est à peine
si l'on retrouve la trace des excuses proprement dites,
c'est-à-dire des excuses prévues par la loi. Le Code de
brumaire an IV se contente de rappeler l'article 9 de la
section première du titre 2 de la seconde partie du Code
pénal de 1791, relatif à la provocation. Il reproduit la théorie des lois de 1791.

Une première difficulté s'élève sur le texte du Code des
délits et des peines.

Comment concilier l'article 646 qui modifiait la théorie de
la Constituante avec l'article 425 qui ordonnait l'acquittement
et la mise en liberté de l'accusé dès que le jury aurait répondu négativement aux questions intentionnelles?

Une circulaire du ministre de la justice, du 22 frimaire

an V, vint donner quelques éclaircissements sur cette question. Le tribunal criminel du Jura, sur une déclaration du
jury portant qu'une personne accusée de faux avait commis
le fait, mais n'avait point agi sciemment et à dessein de
nuire, l'avait condamné, par fausse application de l'article
646 du Code des délits et des peines, à une année d'emprisonnement. Ce jugement avait été cassé le 13 messidor an IV.
Le ministre de la justice approuve et développe la théorie
du tribunal de cassation. D'après cette circulaire, il faut bien
distinguer la question de l'excuse et la question intentionnelle :
« L'effet d'une déclaration favorable sur celle-ci, dit le mi-
» nistre, est de rendre l'accusé à la société, et sur la pre-
» mière, d'atténuer seulement le délit et d'alléger la puni-
» tion. » Il fait remarquer les conséquences de la confusion :
quand la question d'excuse n'est pas séparée de la question
intentionnelle et que la déclaration du jury se trouve favorable, la loi absout là où elle ne devait remettre qu'une partie
de la peine.

Cette distinction entre la question d'*intention* et la question
d'*excuse* est sans doute un progrès. Il faut seulement remarquer que la circulaire ministérielle restreint le sens du mot
excuse. L'article 646 sainement entendu, il n'y a plus d'excuse absolutoire.

Cependant un jugement du tribunal de cassation du 6 pluviôse an X décide que le vol commis par une femme au préjudice de son mari ne saurait donner lieu à une condamnation pénale. C'est bien là un des cas d'excuse absolutoire
prévus par le Code de 1810. Mais le ministre de la justice (1)
et le tribunal de cassation, sous le Code de brumaire an IV,
ne voyaient là ni imputabilité ni culpabilité. En conséquence,
malgré l'article 646, loin d'admettre la déclaration d'excusabilité, ils n'admettaient même pas que le conjoint pût être

(1) Lettre du 10 fructidor an IV.

traduit devant le jury de jugement dans une pareille hypothèse. Pourquoi? D'abord par respect pour le lien du mariage, ensuite par respect pour les lois 17 et 22, au Code, *de
furtis*; ces lois ayant, d'après le tribunal suprême, conservé
tout leur empire. « Les distinctions admises par les lois ro-
» maines, dit le tribunal, font sortir le fait de la soustrac-
» tion commise par une femme, dans la maison commune, de
» la classe des délits prévus par le Code. »

Une autre question divisa les interprètes. A qui apparte-
nait-il de prononcer la déclaration d'excusabilité? au jury ou
aux juges? Le tribunal de cassation, par des jugements du
24 ventôse an VI et du 27 floréal an VIII, conférait ce droit
aux jurés, et c'était la première opinion de Merlin. Le tribunal annulait la *position des questions* quand le jury gar-
dait le silence sur l'excusabilité dans le cas de provocation.
Plus tard Merlin changea d'avis. Cependant le texte de la loi
de brumaire ne prêtait guère à la controverse. L'article 646
du Code des délits et des peines était précédé de cette rubrique : « De la manière dont les tribunaux criminels doivent
» prononcer lorsque les accusés sont déclarés excusables par
» le jury. » L'article 646 lui-même ajoutait : « Lorsque le
» jury a déclaré que le fait de l'excuse proposée par l'ac-
» cusé est prouvé, etc., » et semblait bien réserver purement et simplement aux juges le droit de *réduire la peine*
conformément aux lois.

Merlin, quand il changea d'opinion, s'appuya sur le texte
de l'instruction législative du 24 septembre 1791, ainsi
conçu : « Le Code pénal règle aussi les condamnations aux-
» quelles la peine doit être réduite lorsque le juge prononcera
» d'après la déclaration des jurés que le délit est excusable.
» Cette prononciation sera employée lorsque le juge aura
» estimé que les faits de provocation allégués par l'accusé
» ou résultant du débat renferment une excuse suffisante,
» et aura posé la question de savoir si, ou non, cette pro-

» vocation a existé. Si les jurés trouvent que les faits de cette
» provocation soient bien justifiés, et en font la déclaration
» sur la question intentionnelle, alors le juge prononce que
» le délit est excusable. » La réponse est bien simple : La
loi du 29 septembre 1791 est abrogée par l'art. 594 du Code
des délits et des peines. Merlin prévoit l'objection, et répond que l'instruction législative du 29 septembre n'en est
pas moins un commentaire *infiniment respectable* de la loi du
16 septembre 1791. Mais cette loi du 16 septembre est elle-
même abrogée par le même article 594! Quelle que puisse
être l'analogie des lois d'instruction criminelle de la Constituante et de la Convention, quel argument tirer du texte de
ces lois en face du texte précis des lois nouvelles? Est-il besoin de rappeler les expressions de la circulaire ministérielle du 22 frimaire an V? « La question de l'excuse doit être
» présentée au jury, et lorsqu'elle est admise, les tribunaux
» prononcent, etc. » Nous verrons tout-à-l'heure quels motifs ont pu déterminer Merlin à quitter son opinion.

Nous arrivons à une controverse célèbre où la jurisprudence, cette fois encore, prit tour à tour deux partis opposés.

Nous avons dit plus haut que le Code des délits et des
peines n'avait pas cru devoir établir deux théories distinctes, l'une des excuses, l'autre des circonstances atténuantes, et conférait au jury les plus larges pouvoirs d'appréciation. Qu'en résultait-il?

Les accusés, profitant d'un pareil système, proposèrent
comme excuses toutes les circonstances imaginables dans
lesquelles ils crurent apercevoir un effet atténuant. Merlin
distingue, il est vrai, les excuses que l'accusé peut proposer,
les excuses que doit proposer le juge; le motif, c'est
qu'il ne serait pas toujours *décent* à l'accusé de proposer
lui-même les seconds moyens d'excuse. Ce motif n'a pas une
grande valeur juridique. Examinons la théorie de Merlin.

L'accusé peut proposer comme moyens d'excuse :

1° La bonne foi. Cette idée peut être juste dans la théorie de Merlin qui divise les excuses en *atténuantes* et *péremptoires*, et voit des cas d'excuse péremptoire dans toutes les circonstances qui établissent indubitablement la justification de l'accusé. Mais tel n'est pas notre langage. Aussi n'avons-nous pas compté parmi les excuses absolutoires déterminées par le Code pénal de 1791 le cas prévu par l'article 33 de la section 1 du titre Iᵉʳ (2ᵉ partie). Toute personne engagée dans les liens du mariage qui en contractera un second avant la dissolution du premier, sera punie de douze années de fers. En cas d'accusation de ce crime, l'exception de la bonne foi, d'après un jugement du tribunal de cassation du 24 frimaire an XII, consiste, non dans les motifs qui peuvent déterminer à un second mariage pendant l'existence du premier, mais dans l'opinion *raisonnable*, fondée sur de *très-fortes probabilités*, qui portent à croire à la dissolution du premier mariage. Dans une pareille hypothèse, il n'y a ni fait imputable ni fait excusable ;

2° L'ignorance. Merlin dit positivement que les juges doivent montrer plus ou moins d'indulgence, « suivant qu'il » paraît plus ou moins que l'accusé ignorait ou n'ignorait pas « la loi. » Cette théorie est-elle conforme aux données de la science ? doit-elle encore aujourd'hui guider le juge dans l'appréciation des circonstances atténuantes ? Il faut y mettre les plus sévères restrictions.

Non, en principe, l'ignorance ne devrait pas être une cause d'*excuse* sous le Code de brumaire an IV, d'*atténuation* sous le Code de 1810. Qu'est-il besoin, dit M. Ortolan, pour qu'il y ait justice à punir l'auteur d'un meurtre, d'un vol, d'un incendie, de démontrer qu'il connaissait le texte législatif applicable au crime qu'il a commis et la peine édictée par ce texte ? Mais ce principe doit fléchir, comme l'explique très-bien cet auteur, s'il s'agit de ces faits qui n'ont qu'une criminalité locale, qui peuvent être prohibés dans un pays

ou dans un temps et non dans l'autre, « on ne peut nier qu'ici
» l'ignorance de la loi, si cette ignorance vient d'un étranger,
» de quelqu'un qui était difficilement en état d'être informé
» de la prohibition ou de l'injonction, ne pût, en certains
» cas, être un motif d'atténuation (1); »

3° La colère. Quand la victime du délit peut s'imputer à
elle-même la colère de l'agent et les effets de cette colère,
Merlin voit là un nouveau cas d'excuse. Etait-ce bien la pensée du législateur de 1791, lorsqu'il disait : La provocation
par injures verbales ne pourra, en aucun cas, être admise
comme excuse de meurtre? Rationnellement la question doit
se résoudre ainsi : Y a-t-il eu ou non provocation? L'excuse
de la colère se confond avec l'excuse de la provocation.

4° L'ivresse. Il faut supposer que l'ivresse est incomplète
et non intentionnelle, puisque nous ne voyons pas d'imputabilité si l'ivresse est complète et que l'imputabilité tout entière subsiste, si l'agent du délit s'est enivré à dessein. Le
juge, sans nul doute, peut voir un élément d'atténuation dans
l'altération des facultés résultant d'une ivresse partielle; plus
le crime est grand, plus cette altération des facultés devra
peser dans la balance.

5° La *violence et la crainte*. Il est incontestable que la
violence pourrait être une cause d'atténuation.

Merlin passe ensuite aux moyens que l'accusé ne peut *dé-
cemment* proposer lui-même et que les juges ne doivent pas
moins considérer :

1° La faiblesse de l'âge. Le Code pénal de 1791 avait posé
la règle pour les mineurs de seize ans. Il s'était ensuite occupé des vieillards à la fin du titre V de la première partie.
Merlin dit à ce propos, en développant sa théorie des *excuses*:
« A l'égard des personnes très-âgées, la raison veut quelque-
» fois que l'on respecte en elles les faiblesses de l'humanité. »

_____

(1) Eléments de droit pénal, p. 153.

C'est là un mauvais commentaire de la loi pénale. L'extrême indulgence du Code de 1791, en cette matière, ne saurait fermer les yeux aux données de la science. Ici les modifications de la peine sont exclusivement fondées sur l'état physique des condamnés. Il ne faut pas briser le corps débile du vieillard, même du vieillard coupable. Cette modification de pénalité n'a rien de commun avec la théorie des excuses.

2° La fragilité du sexe. « Il est rare, dit Merlin, que les
» femmes prévoient aussi bien que les hommes les suites
» des différentes actions qu'elles commettent; elles sont fa-
» ciles à persuader; la crainte a aussi plus d'empire sur elles
» que sur les hommes; elles sont plus faibles qu'eux; elles
» méritent dès-lors une certaine indulgence dans les cas dont
» la gravité ne blesse pas essentiellement la loi. »

Comment un jurisconsulte sérieux peut-il émettre une opinion aussi bizarre ? Les femmes ont une âme, une raison, une liberté : l'homme et la femme marchent du même pas dans la route du bien et dans la route du mal.

Tel était le système général de Merlin, vague, arbitraire et confus comme les textes législatifs qui l'avaient inspiré. Du reste, Merlin ne prétendait pas qu'il fallût s'arrêter à cette énumération : il indiquait lui-même un bon nombre de cas d'excuses, parmi lesquels la haute naissance, les grands talents, etc. Les tribunaux suivirent à l'envi cette interprétation, si bien qu'en 1808 un jurisconsulte écrivait : « L'expérience
» a prouvé comment à la faveur de ces deux questions d'in-
» tention et d'excuse on pouvait absoudre tous les cou-
» pables. » La multiplicité, l'insignifiance, la contradiction, quelquefois même (suivant le texte des arrêts de cassation) l'ineptie ou l'immoralité des faits invoqués comme atténuants firent revenir sur ces premiers pas (1). La Cour de cassation

(1) Ortolan. Eléments de droit pénal, p. 157. Cf. Cass. 16 frim. an IX.

cessa de prendre en considération la nature des pouvoirs conférés au jury et l'esprit du Code de brumaire an IV.

Le 6 ventôse an IX, elle déclara qu'on ne pouvait proposer au jury d'autres motifs d'excuse que les faits déclarés *tels* par la loi. Dès-lors elle persista dans cette jurisprudence. Les menaces, l'influence personnelle (1), l'ivresse, la provocation en cas de vol, la circonstance de domesticité, etc., ne peuvent, d'après la Cour suprême, constituer des cas d'excuse (6 ventôse an IX, 7 prairial an IX, 15 thermidor an XII, 14 août 1807).

L'influence des dernières solutions de la Cour de cassation se fit sentir dans la rédaction du Code d'instruction criminelle et du Code pénal.

(1) 6 ventôse an IX.

CHAPITRE III.

DROIT ACTUEL.

Les nouvelles lois criminelles réagirent contre les Codes de la Constituante et de la Convention.

On avait senti la nécessité de faire violence aux textes pour diminuer les pouvoirs du jury : de même on prétendait restreindre les moyens d'excuse aux cas prévus par le légis-lateur, qui n'avait pas voulu organiser une théorie des ex-cuses. Cette jurisprudence aboutit à deux résultats au moment de la codifi ation.

1° Une théorie des excuses fut législativement organisée. Pas d'excuse en dehors des cas prévus par la loi (art. 65, C. P.);

2° Le jury, dans les cas d'excuse, dut résoudre simple-ment cette question : Tel fait est-il constant? La déclaration d'excusabilité appartint aux magistrats. Du reste, ce second point perdait son importance. Autrefois, reconnaître ce droit au jury, c'était lui conférer le pouvoir d'attacher arbitrai-rement la déclaration d'excusabilité à la circonstance la plus insignifiante. Désormais les jurés statuent sur un fait prévu par la loi, et les magistrats appliquent la loi.

Le Code pénal de 1810 réagit encore d'une autre manière contre la théorie du Code des délits et des peines. Autant la loi de brumaire, dans son article 646, sainement interprété, s'était montrée indulgente et facile, en créant, sous d'autres noms, une théorie des circonstances atténuantes, autant la loi nouvelle exagéra les idées de rigueur en accordant le bénéfice des circonstances atténuantes aux seuls délits de police correctionnelle, pourvu que le préjudice causé n'ex-cédât pas vingt-cinq francs. C'était toujours la conséquence du même système. Le législateur ne voulait désormais se fier qu'à lui-même (1).

Autant la théorie des circonstances atténuantes était imparfaite, autant la théorie des excuses devait être complète.

Je m'occuperai en premier lieu des excuses absolutoires, en second lieu des excuses atténuantes.

(1) La loi du 25 juin 1824 commença la réaction contre le système excessif du Code de 1810; la loi de 1832 harmonisa la théorie du Code des délits et des peines et celle du Code de 1810.

I.

EXCUSES ABSOLUTOIRES.

1ᵉʳ Cas.

Article 217 P.

Art. 217. « Les peines d'emprisonnement ci-dessus établies
» contre les conducteurs ou les gardiens, en cas de négli-
» gence seulement, cesseront lorsque les évadés seront repris
» ou représentés, pourvu que ce soit dans les quatre mois
» de l'évasion, et qu'ils ne soient pas arrêtés pour d'autres
» crimes ou délits commis postérieurement. »

Précisons l'hypothèse et motivons la décision de cet
article.

Il faut remarquer que si l'évasion dépouillée de toutes circonstances aggravantes, c'est-à-dire, opérée sans voies de
fait et moyens criminels tels que le *bris de prison* et la
violence, ne constitue aucun délit pour les détenus, il n'en est
pas de même pour les personnes qui ont favorisé l'évasion
par la négligence. C'est là un point constant. La criminalité
des gardiens ne prend pas sa source dans la nature de l'évasion. Ce qu'on punit chez eux, c'est *la négligence*: si l'évadé
était prévenu de délits de police ou de crimes simplement
infamants, ou s'il était prisonnier de guerre, la peine varie
de six jours à deux mois d'emprisonnement; s'il était accusé
d'un crime de nature à entraîner une peine afflictive à temps
ou condamné pour un de ces crimes, la peine varie de deux
mois à six mois d'emprisonnement; s'il était accusé de crimes
de nature à entraîner la peine de mort ou des peines perpé-

7

tuelles ou condamné à l'une de ces peines, la peine varie d'un an à deux ans d'emprisonnement : cette aggravation se conçoit ; plus le malfaiteur est dangereux, et plus l'insouciance des gardiens peut être funeste.

S'il y a connivence, la loi frappe plus sévèrement et ne se laisse pas désarmer : il n'y a pas d'excuse possible. C'est le sens des mots : « en cas de négligence seulement. »

Mais la négligence peut être réparée. Elle peut l'être si promptement que la société n'ait plus d'intérêt à la punir. Bien plus, la société peut avoir un intérêt manifeste à presser cette réparation. De là l'exemption ou plutôt la cessation de la peine. Mais la loi veut que le gardien se hâte, qu'il dirige ou fasse diriger les recherches avec célérité. De là cette restriction : pas d'excuse absolutoire quand les détenus seront repris ou représentés après les quatre mois de l'évasion. Les auteurs de la *Théorie du Code pénal* ont donc peut-être tort quand ils se prononcent contre la fixation d'un terme. Si c'est au bout de deux ou trois ans, par un pur effet du hasard, que le détenu est repris ou représenté, le motif réel de l'excuse absolutoire a disparu. L'article 13 de la loi du 4 vendémiaire an VI, qui, du reste, ne voyait là qu'un cas d'excuse atténuante, donnait un plus long délai. Les condamnés devaient être repris dans les *six mois* de leur évasion. Le Code pénal a voulu donner une prime plus forte à une réparation plus prompte. Ce n'est pas, à notre avis, dans le fait matériel de la réintégration qu'il faut chercher la source de l'excuse. Le système de la loi de vendémiaire an VI était vicieux : le gardien restait sous le coup de la loi répressive, même s'il avait, par un prodige d'activité, ressaisi le fugitif dans les vingt-quatre heures. Aujourd'hui, le gardien négligent doit, du fond même de sa prison, s'il est détenu lui-même, tout mettre en œuvre pour faire arrêter les évadés aux premiers moments de leur fuite.

L'article 247 contient une autre restriction : « Il faut que

» les fugitifs ne soient pas arrêtés pour d'autres crimes ou
» délits commis postérieurement. » C'est toujours l'intérêt
social qui parle. Ces nouveaux délits sont, en fait, la suite
indirecte de l'infraction du gardien insouciant. « La loi en
» fait remonter jusqu'à lui la responsabilité, en maintenant
» la peine, même après l'évasion réparée (1). » En effet, le
moment serait mal choisi pour donner au coupable, dans une
vue d'intérêt social, le bénéfice d'une excuse absolutoire : la
société sent déjà les conséquences de cette faute.

Un arrêt de la Chambre des mises en accusation de la Cour
de Paris, du 15 mars 1816, a faussement étendu l'article 247
du Code pénal.

Il est bien évident qu'aux termes de cet article, l'excuse
absolutoire ne s'applique qu'aux *gardiens*, et dans le seul cas
de *négligence*. La Cour de Paris l'appliqu   au *conjoint*, et
dans le cas de *connivence* (2). La femme est excusée quand
elle a recélé son mari, d'après l'article 248 : la Cour de
Paris jugea qu'elle pouvait bien être excusée pour avoir favorisé l'évasion de son mari. On expliqua plus tard cette
décision par ce motif qu'*en fait* la justice était restée dans
le doute ; mais les déclarations formelles du conjoint qui avait
favorisé l'évasion ne permettaient pas le doute, et d'ailleurs
la Cour avait déclaré en termes généraux que la *qualité d'é-
pouse* assujettissant cette femme qui sauvait son mari à une
obéissance passive, on ne pouvait voir dans sa coopération
une participation volontaire et active aux faits de l'évasion.
Quelle que puisse être la sagesse de ces raisons, les dispositions pénales sont de droit étroit. De plus, l'article 65 P.
défend de créer des cas d'excuse en dehors des textes. La
doctrine de cet arrêt ne soutient pas un moment la discussion.

(1) Théorie du Code pénal.
(2) V. Sirey, XVI, 2, 155.

2ᵉ CAS.

Article 248 P.

Art. 248. « Ceux qui auront recélé ou fait recéler des
» personnes qu'ils savaient avoir commis des crimes empor-
» tant peine afflictive seront punis de trois mois d'empri-
» sonnement au moins et de deux ans au plus. Sont exceptés
» de la présente disposition les ascendants ou descendants,
» époux ou épouse même divorcés, frères ou sœurs des
» criminels recélés, ou leurs alliés au même degré. »

La seconde partie de cet article doit seule nous occuper.

La loi romaine ne voyait là qu'un cas d'excuse atténuante.
J'eusse adopté cette décision : « Les proches parents qui re-
» tirent chez eux les voleurs sont excusables...; ainsi ils
» doivent être punis moins sévèrement que les autres recé-
» leurs; car c'est une maxime constante que les lois relâ-
» chent de leur sévérité, quand elles sont offensées par un
» motif de charité inspiré par la nature. » (1)

Le Code pénal va plus loin; mais s'il consent à supprimer
la peine, ce n'est pas qu'il fasse résulter la non-culpabilité
de ces relations de famille. Le fils qui recèle son père, la
femme qui recèle son mari condamné à une peine afflictive
ont toujours tort aux yeux de la loi.

Cependant le législateur ne veut pas frapper ce coupable :
l'utilité sociale ne réclame pas cette répression. Un des buts
de la peine, c'est l'intimidation : la société redoute le danger de l'imitation par l'entraînement du mauvais exemple.
Ici comment atteindre ce but? Quelle loi repressive empê-

(1) C'est aussi l'opinion de Muyart de Vouglans. Le texte de l'édit
de 1539 est pourtant formel.

chera le fils de vouloir sauver la vie ou la liberté de son père ! La menace serait impuissante.

Mais nous n'adoptons qu'avec réserve les motifs de l'exposé fait au Corps Législatif : « Vous applaudirez encore à » l'exception qui est portée en faveur des plus proches pa· » rents. *Ils ne sont point coupables* pour avoir obéi au sen· » timent de la nature, qui leur prescrit le devoir de l'hos· » pitalité envers le malheureux qui tient à eux par des liens » toujours respectables, et que la société a trop d'intérêt de » resserrer de plus en plus pour pouvoir jamais les mécon· » naître. » La loi Romaine s'exprimait mieux : *Non par est corum delictum.*

Du reste, il est évident que cette excuse absolutoire doit être appliquée, quelle que soit la nature des crimes emportant peine afflictive. Aux termes de l'article 6 de la loi du 24 brumaire an VI , tout habitant de l'intérieur de la république, convaincu d'avoir recélé sciemment la personne d'un déserteur, est condamné par voie de police correctionnelle à une amende de 500 fr. à 3,000 fr., et à un emprisonnement d'une année ; l'emprisonnement est de deux ans, si le déserteur a été recélé avec armes et bagages. (1) Si le recéleur est une des personnes désignées par l'article 248, 2° P., je vois là un cas d'excuse absolutoire. Peu importe la spécialité de la loi du 24 brumaire an VI : le texte du Code pénal est absolu et n'admet pas d'exception.

Un avis du Conseil d'Etat , du 28 avril 1809, approuvé par l'Empereur le 14 mai de la même année, déclarait sans doute les peines infligées aux recéleurs des conscrits réfractaires ou déserteurs, applicables aux pères qui donnent asile à leurs enfants. Mais cet avis est antérieur à la promulgation du Code pénal.

(1) Le *maximum* des amendes fut fixé à 1,500 fr., et le *minimum* à 500 fr. par la loi du 17 ventôse an VIII.

C'est donc avec raison que le tribunal de Bruges, jugeant en appel le 29 août 1812, avait reconnu qu'un père ne peut être déclaré coupable du recel de son fils déserteur, et c'est à tort que la cour suprême a cassé ce jugement, par arrêt du 7 novembre 1812.

5ᵉ Cas.

Article 100 P.

Art. 100. « Il ne sera prononcé aucune peine, pour le fait
» de sédition, contre ceux qui, ayant fait partie de ces
» bandes sans y exercer aucun commandement et sans y
» remplir aucun emploi ni fonctions, se seront retirés au
» premier avertissement des autorités civiles ou militaires,
» ou même depuis, lorsqu'ils n'auront été saisis que hors
» des lieux de la réunion séditieuse, sans opposer de résis-
» tance et sans armes. — Ils ne seront punis, dans ces cas,
» que des crimes particuliers qu'ils auraient personnellement
» commis; et néanmoins ils pourront être renvoyés, pour
» cinq ans ou au plus jusqu'à dix, sous la surveillance spéciale
» de la haute police. »

Il s'agit ici des crimes tendant à troubler l'Etat par la
guerre civile, l'illégal emploi de la force armée, la dévastation et le pillage publics. Comment traiter les citoyens qui
composaient les bandes séditieuses? « La peine de la sédition
» sera sans inconvénient remise à ceux qui se seront retirés
» au premier avertissement de l'autorité publique, dit l'ex-
» posé des motifs. Ici la politique s'allie à la justice; car s'il
» convient de punir les séditieux, il n'importe pas moins
» de dissoudre les séditions. »

Est-ce une excuse? Est-ce une excuse absolutoire? Quand
s'applique-t-elle?

Est-ce une excuse?

La Cour d'Assises du département de Maine-et-Loire avait
refusé de poser au jury une question, dont la solution affirmative devait avoir pour résultat de faire profiter les accusés
du bénéfice de l'article 100 du Code pénal; le motif était que

l'article 65 P. défendait d'excuser un crime hors des cas
prévus par la loi et que l'art. 100 n'établissait pas une excuse,
mais se contentait de poser une nouvelle hypothèse, en dehors
des prévisions des précédents articles. Cet arrêt fut cassé par
la Cour suprème le 5 octobre 1833 : l'arrêt de cassation
visait les articles 389 I. Cr., 65 et 100 P. C'était reconnaître
que les faits énoncés dans l'article 100 pouvaient servir de
base à une excuse. Cet arrêt de Cassation est conforme aux
principes. La loi fait remise des peines de la sédition : c'est
évident. Néanmoins l'imputabilité subsiste ; quand la loi
n'ajouterait rien, le fait de s'être mêlé aux bandes séditieuses
serait encore répréhensible à ses yeux. Mais elle donne au
juge le pouvoir de renvoyer le coupable excusé sous la surveillance de la haute police. Le doute n'est pas possible.

D'un autre côté, les derniers mots de l'article 100 n'enlè-
vent-ils pas à l'excuse son caractère d'*excuse absolutoire*?
La peine n'est que réduite à de moindres termes, disent les
auteurs de la *Théorie du Code pénal*, c'est-à-dire, à la surveillance de la police. A notre avis, l'excuse est *absolutoire*.
Que dit le premier paragraphe de l'article 100? *Il ne sera
prononcé aucune peine.* L'intention du législateur est évidente.
Que dit le second paragraphe? Il laisse au juge la *faculté* de
renvoyer les accusés sous la surveillance de la haute police :
c'est une mesure de précaution qu'il pourra prendre ou rejeter, à son choix. Mais on ne saurait voir là une atténuation
de la peine de mort, de la peine de la déportation et de
celle des travaux forcés à temps édictées par les articles 97,
98 et 99. Rappelons-nous les paroles de M. Berlier : « La
peine de la sédition sera sans inconvénient *remise*, etc. »

Si c'est une excuse absolutoire, elle est fondée sur un motif
d'utilité sociale. La loi desireuse de voir la fin du tumulte,
promet l'impunité à ceux qui se disperseront au plus vite.

Trois conditions sont nécessaires pour l'application de
l'article 100. La première, c'est que les personnes qui ont

fait partie de la bande se soient retirées *au premier aver-*
tissement des autorités civiles ou militaires, ou même *depuis*.
La deuxième est que les rebelles aient été saisis hors des
lieux de la réunion séditieuse, sans opposer de résistance et
sans armes. La troisième, c'est qu'ils n'aient exercé aucun
commandement ou rempli aucune fonction dans ces bandes
armées.

1° Il s'agit d'interpréter ces mots, *ou même depuis*, de
l'article 100.

Ce que la loi veut avant tout, c'est que les personnes ainsi
réunies *se soient retirées*. On s'est demandé si la preuve d'une
retraite *volontaire* était indispensable. Un arrêt de Cassation,
du 2 mai 1833, déclare que « peu importe que, dans les
» termes, la question proposée ne porte pas que l'accusé
» s'est retiré volontairement, et que les mots *s'est-il retiré*
» *depuis la réunion* comprennent la volonté de la quitter. »
La preuve de cette volonté, dit le répertoire général du droit
criminel, doit donc résulter principalement, en fait, de la
distance qui, lors de l'arrestation, séparait la bande de l'individu arrêté. Mais d'après la jurisprudence de la Cour de
Cassation (1), il ne suffit pas que le jury ait constaté par sa
réponse le fait de l'arrestation *hors du lieu* de la sédition.
Le jury doit encore déclarer que l'accusé *s'est retiré* du lieu
de la sédition, soit au premier avertissement de l'autorité,
soit depuis.

2° La personne arrêtée doit l'avoir été sans résistance et
sans armes. Autrement, en effet, comment concilier les circonstances de l'arrestation avec le dessein présumé de se
séparer des bandes séditieuses? Mais ici les termes de
l'article 100 soulèvent une grave difficulté. Le port d'armes,
isolé de toute autre circonstance, enlève-t-il à l'accusé le bénéfice de cet article?

(1) 30 août 1832.

Si l'on admet l'affirmative, les peines des articles 97 et 98 sont inapplicables, puisqu'ils ne sont faits que pour les personnes *saisies sur les lieux*. L'article 100 n'étant pas non plus applicable, les juges n'auraient plus la faculté d'ordonner la surveillance. Le rebelle aurait-il donc un avantage à être saisi les armes à la main ? On résout la difficulté en disant que, par ces mots : *sans opérer de résistance et sans armes*, la loi n'a voulu parler que des armes employées à faire résistance : celui qui n'a pas fait usage de ces armes doit, comme s'il était désarmé, profiter du privilége établi par l'article 100 (1).

Les articles 97 et 98 sont pareillement inapplicables aux personnes *qui ont opposé* de la résistance, mais qui *n'ont pas été saisies sur les lieux*. On applique les peines de la rébellion envers la force publique.

3° L'article 100 n'admet pas l'excusabilité des chefs de bande. La loi ne peut guère compter sur leur repentir. Mais, si par hasard ils se repentent ? s'ils jettent leurs armes ? s'ils quittent le lieu de la réunion ? Pas d'excuse, pas même d'excuse atténuante. Le législateur de 1810 ne tient pas, sans doute, à les dissuader de persévérer dans le crime.

D'ailleurs l'article 100 laisse expressément sous l'application des lois pénales particulières les crimes ou délits personnels au coupable excusé.

Lorsqu'on vota la loi des 24 et 25 mai 1834, sur les détenteurs d'armes ou de munitions de guerre, une discussion s'engagea sur l'article 5, ainsi conçu :

Art. 5. « Seront punis de la détention les individus, qui, » dans un mouvement insurrectionnel, auront porté soit des » armes apparentes ou cachées, ou des munitions, soit un » uniforme ou costume, ou autres insignes civils ou mili- » taires.

(1) V. Théorie du Code pénal.

» Si les individus porteurs d'armes apparentes ou cachées,
» ou de munitions, étaient revêtus d'un uniforme, d'un cos-
» tume ou d'autres insignes civils ou militaires, ils seront
» punis de la déportation. »

On se demandait, en discutant le premier paragraphe de
cet article, si les articles 100 et 213 pouvaient se concilier
avec la loi. A la Chambre élective, M. Pataille déclara que
l'intention de la commission était de maintenir l'article
100 P. M. Charamaule regardait la conciliation comme impossible : c'était aussi l'avis de M. Teste.

Alors M. Odilon Barrot, tout en considérant les articles
100 et 213 du Code pénal comme parfaitement conciliables
avec la loi de 1834, demanda qu'on levât tous les doutes :
« Pour ma part, dit-il, je ne demande qu'une chose; c'est
» qu'on déclare qu'on n'entend pas déroger au Code pénal;
» que les articles 100 et 213 ne sont pas abrogés. » Il est
inutile, répondit M. Renouard, d'insérer dans la loi les articles du Code pénal auxquels il n'est pas dérogé.

Du reste, on lit dans le rapport de M. le comte Siméon, à
la Chambre des Pairs : « Que l'on soit arrêté sur le lieu de
» l'insurrection ou après, on sera susceptible d'accusation,
» si on y était en armes; mais, si l'on se retire sur la pre-
» mière sommation, on pourra invoquer la disposition du
» Code pénal qui exempte de la peine. »

Ainsi les textes peuvent se concilier : les Chambres ont
entendu maintenir le bénéfice de l'excusabilité.

Néanmoins, la Cour de Cassation, le 28 septembre 1849,
a déclaré que la loi du 24 mai 1834 était *spéciale*, et *dès-
lors exclusive de l'application de l'art.* 100 P. Que veut donc
la Cour de Cassation, après les déclarations formelles des
deux commissions législatives ?

La Cour suprème est allée plus loin ; elle a décidé que
l'article 100 P. ne pouvait s'appliquer aux crimes prévus
par l'article 91, c'est-à-dire, à l'attentat dont le but est

d'exciter la guerre civile, ou de porter la dévastation, le massacre et le pillage dans une ou plusieurs communes. Sur quel texte peut-elle s'appuyer ? Ces mots : « pour le fait de sédition » s'appliquent très-bien aux crimes prévus par l'article 91 : quant aux mots « ces bandes », ils se réfèrent aux expressions de l'article 99 ; or l'article 99, en punissant les recéleurs des bandes armées, n'a pas voulu, sans doute, excepter les plus coupables. Il me semble que l'excuse doit s'appliquer indistinctement.

4ᵉ CAS.

Art. 213. « En cas de rébellion avec bande ou attroupe-
» ment, l'article 100 du présent Code sera applicable aux
» rebelles sans fonctions ni emplois dans la bande, qui se
» seront retirés au premier avertissement de l'autorité pu-
» blique ou même depuis, s'ils n'ont été saisis que hors du
» lieu de la rébellion, et sans nouvelle résistance et sans
» armes. »

Ce n'est pas une redite. Il s'agit ici de la rébellion proprement dite, c'est-à-dire d'une résistance avec force et violence commise envers les représentants de l'autorité publique
agissant pour l'exécution des lois. Eh bien! quand il y a rébellion avec bande ou attroupement, l'article 100 du Code
pénal est encore applicable.

D'après MM. Chauveau et Faustin Hélie, « le législateur
» n'a eu en vue que les réunions de plus de vingt personnes,
» qui peuvent être soumises à une sorte d'organisation, puis-
» qu'il les qualifie, non plus de simples réunions, mais de
» bande ou d'attroupement, et qu'il y suppose des fonctions
» et des emplois. » Est-ce bien exact? Le mot *attroupement*
ne se réfère-t-il pas précisément à la réunion armée dont il
est parlé dans l'article 211? L'article 213 ne suppose pas
qu'il doive y avoir nécessairement des *chefs*, des *fonctionnaires* dans la bande; il excepte les chefs de bandes, dans le
cas où ces réunions seraient ainsi constituées. D'ailleurs, ne
peut-il pas y avoir des fonctions et des emplois dans une
bande de moins de vingt personnes?

Notre commentaire de l'article 100 nous dispense d'entrer
dans de plus longs détails.

Citons simplement un paragraphe de l'article 4 de la loi du 7 juin 1848 sur les attroupements, en harmonie avec la législation du Code de 1810 : « Néanmoins, il ne sera pro-« noncé aucune peine pour fait d'attroupement contre ceux » qui, en ayant fait partie, sans être personnellement armés, » se seront retirés sur la première sommation de l'autorité. » Il faut remarquer ces mots : *se sont retirés*; car si l'attroupement avait été seulement *dissipé*, même après la première sommation, même sans avoir fait usage de ses armes, il y aurait une peine d'un mois à un an d'emprisonnement.

5ᵉ Cas.

Article 108 P.

Art. 108. « Seront exemptés des peines prononcées contre
» les auteurs de complots ou autres crimes attentatoires à
» la sûreté intérieure ou extérieure de l'État ceux des cou-
» pables qui, avant toute exécution ou tentative de ces com-
» plots ou de ces crimes, et avant toutes poursuites com-
» mencées, auront les premiers donné au gouvernement ou
» aux autorités administratives ou de police judiciaire, con-
» naissance de ces complots ou crimes, et de leurs auteurs
» ou complices, ou qui, même depuis le commencement des
» poursuites, auront procuré l'arrestation desdits auteurs
» ou complices. Les coupables qui auront donné ces con-
» naissances ou procuré ces arrestations pourront néanmoins
» être condamnés à rester pour la vie ou à temps sous la
» surveillance de la haute police. »

Le Code de 1810 avait introduit tout un système de pénalité contre la non-révélation des crimes d'État : « La morale
» humaine, écrivait Diderot, ne peut admettre au rang de
» ses vertus la fidélité des scélérats entre eux pour troubler
» l'ordre et violer les lois avec plus de sécurité. » Mais
fallait-il aller jusqu'à punir le simple fait de non-révélation ?
Les Chambres ne le pensèrent pas en 1852 ; elles rayèrent
de nos lois les articles 103 à 107 du Code pénal. Elles firent
en même temps disparaître les cas d'excuse absolutoire prévus par l'ancien Code. En effet, l'époux, même divorcé, l'ascendant ou le descendant, le frère ou la sœur, l'allié aux
mêmes degrés de l'auteur du crime ou du complot, n'étaient
pas frappés des peines de la réticence, « l'intérêt de l'État
» ne pouvant le porter à exiger d'un père qu'il lui livrât son

» fils ou d'un frère qu'il lui livrât sa sœur » (1). Mais la loi
continue, dans l'intérêt bien entendu de l'ordre social, « à
» faire briller l'espérance de l'impunité aux yeux du coupable
» qui préviendra le forfait ou en assurera la répression en
» dévoilant ses complices » (2).

L'article 108 prévoit un cas d'excuse, aux termes mêmes
d'un arrêt de cassation du 29 avril 1819, portant « que toutes
» les circonstances qui se lient au fait de l'accusation, et qui
» peuvent, d'après les dispositions de la loi, augmenter ou
» diminuer la peine, ou en faire prononcer la remise, doi-
» vent être soumises à la délibération du jury et par lui dé-
» cidées; que lors donc que, dans les accusations de complot
» ou d'autres crimes attentatoires à la sûreté de l'Etat, les
» débats ou les défenses des accusés paraissent pouvoir ame-
» ner l'application de l'article 108, il doit être posé une
» question particulière sur les circonstances déterminées
» dans cet article, et que ce n'est que d'après la réponse du
» jury à cette question que les cours d'assises peuvent déli-
» bérer et prononcer sur l'exemption de la peine qui pourrait
» être encourue par la réponse affirmative de ce jury sur le
» fait principal. » Ici encore la jurisprudence applique l'article 339 du Code d'instruction criminelle.

L'article 108 comprend deux cas bien distincts :

1° Le révélateur, avant tout commencement d'exécution
et avant toute poursuite commencée, a le premier donné
connaissance du crime;

2° Le révélateur, après l'exécution et depuis le commencement des poursuites, a procuré l'arrestation des auteurs.

1er Cas. Carnot fait remarquer que le prévenu, s'il se
trouvait déjà sous le coup d'un mandat de comparution ou
de dépôt, à raison d'un fait incriminé, ne pourrait par une

_____

(1) V. l'Exposé des motifs.
(2) Chauveau et F. Hélie.

simple révélation, obtenir le bénéfice de l'excuse absolutoire.
En effet, ce qui détermine cette exemption de peine, c'est
l'ignorance présumée de l'autorité ; il est raisonnable que
l'autorité soit présumée ignorer le complot ou le crime, tant
qu'il n'y a pas de poursuites, mais seulement jusqu'aux poursuites.

D'après un jugement du tribunal de Blois, du 23 août 1816,
la révélation du crime suffit, sans qu'il faille indiquer toutes
les circonstances et les noms des conspirateurs, ce qui rentre
dans le second cas d'exemption (1).

2ᵉ *Cas.* Les poursuites sont commencées : la révélation
pure et simple ne serait pas fort utile au gouvernement ; le
prévenu doit procurer l'*arrestation* des auteurs ou complices
du crime. Il ne faut pas interpréter trop rigoureusement le
texte de l'article 108 ; celui qui invoque l'exception ne doit
pas procurer nécessairement l'arrestation de *tous* les coupables : il suffit qu'il indique et fasse arrêter l'un des coupables encore en liberté. C'est la jurisprudence de la Cour de
cassation.

Cette nouvelle excuse absolutoire est évidemment fondée
sur un motif d'intérêt social. La société s'abstient de frapper ;
son premier besoin, c'est de saisir tous les fils du complot
et de s'assurer des conspirateurs.

(1) V. Répertoire général du droit criminel.

6ᵉ CAS.

Article 138 P.

Art. 138. « Les personnes coupables des crimes mention-
» nés aux articles 132 et 133, seront exemptes de peines,
» si, avant la consommation de ces crimes et avant toutes
» poursuites, elles en ont donné connaissance et révélé les
» auteurs aux autorités constituées, ou si, même après les
» poursuites commencées, elles ont procuré l'arrestation des
» autres coupables. Elles pourront néanmoins être mises
» pour la vie ou à temps sous la surveillance spéciale de la
» haute police. »

Il s'agit du crime de contrefaçon ou d'altération des monnaies d'or, d'argent, de billon ou de cuivre ayant cours légal
en France.

Signalons quelques différences pratiques dans l'interprétation des articles 108 et 138 du Code pénal :

1° L'article 108 parle des coupables qui auront *les premiers*
averti les autorités administratives ou judiciaires. Ces mêmes
expressions ne sont pas reproduites dans l'article 138.
M. D'Hauterive demandait au Conseil d'Etat que le bénéfice
de l'excuse absolutoire ne profitât qu'à un seul des coupables.
Cette proposition fut repoussée ; l'intérêt social veut que
l'Etat reçoive, excite et recueille toutes les révélations de ce
genre. Le législateur s'abstient de frapper tous les révélateurs
et non pas seulement le premier révélateur ;

2° D'après l'article 108, la révélation doit avoir précédé
toute exécution ou tentative du crime. D'après l'article 138,
il suffit que la dénonciation ait précédé la *consommation*.
MM. Chauveau et Faustin Hélie critiquent un arrêt de la Cour
de cassation, qui, dans l'espèce, assimile la tentative à la

consommation (1) en s'appuyant sur l'article 2 du Code pénal. Ils rappellent que si l'article 2 met sur la même ligne ces deux modes d'exécution, c'est relativement à la peine et nullement quant aux effets « de ces deux modes d'exécution du « crime. » Ils argumentent des intentions du législateur en cette matière, et citent ces paroles de M. Berlier : « Cette « exemption repose sur l'intérêt politique de l'Etat, mieux « servi par de promptes révélations que par des punitions « tardives. Cette vue fondamentale semble repousser toute « proposition qui tendrait à en restreindre les effets. » D'ailleurs, si les rédacteurs du Code pénal avaient entendu reproduire absolument la doctrine de l'article 108, ils en auraient reproduit purement et simplement le texte.

(1) Les mêmes auteurs se demandent quel est l'acte qui, en pareille matière, *consomme* le crime. Comme dans le système du Code, la contrefaçon est punie, abstraction faite de l'émission, le crime est consommé par la seule fabrication des pièces.

7ᵉ Cas.

Article 144 P.

Art. 144. « Les dispositions de l'article 138 sont appli-
» cables aux crimes mentionnés dans l'article 139. »

Il nous suffit de rappeler les dispositions de l'article 139.
Le Code punit des travaux forcés à perpétuité ceux qui auront contrefait le sceau de l'État ou fait usage du sceau contrefait, ceux qui auront contrefait ou falsifié, soit des effets
émis par le trésor public avec son timbre, soit des billets de
banques autorisées par la loi ou qui auront fait usage de ces
effets et billets contrefaits ou falsifiés, ou qui les auront in-
troduits dans l'enceinte du territoire français.

8ᵉ Cas.

Article 357 P.

Art. 357. « Dans le cas où le ravisseur aurait épousé la
» fille qu'il a enlevée, il ne pourra être poursuivi que sur la
» plainte des personnes qui, d'après le Code civil, ont le
» droit de demander la nullité du mariage ni condamné
» qu'après que la nullité du mariage aura été prononcée. »

Legraverend dit assez étourdiment au premier volume de
son Traité de la Législation criminelle « que l'article pro-
» hibitif du Code pénal se rapporte *bien évidemment* à l'ar-
» ticle précédent, où il est question d'une fille au-dessous de
» seize ans et d'un ravisseur au-dessous de vingt-un. » D'a-
bord l'article 356 distingue très-nettement deux cas : 1° quand
le ravisseur est majeur de 21 ans ; 2° quand le ravisseur est
mineur de 21 ans. Ensuite rien ne justifie la restriction posée
par Legraverend. L'article 357 s'applique à tous les cas d'enlèvement.

Je formule ainsi ce nouveau cas d'excuse absolutoire :

Quand le mariage a suivi l'enlèvement, et tant que la nullité du mariage n'est pas prononcée, le ravisseur échappe à
toute pénalité. De plus, le ravisseur ne peut être poursuivi
que sur la plainte des personnes qui ont le droit de demander
la nullité du mariage.

Cette dernière phrase étonne d'abord. Comment l'exercice
de l'action publique peut-il être subordonné à l'exercice d'une
action privée ? Comment le sort du coupable peut-il dépendre du parti que prendra telle ou telle personne, ayant droit
de demander la nullité d'un contrat ? Si l'on ne consultait que
la justice absolue, il en serait tout autrement. Le mariage
ultérieur n'efface pas la faute. Ne dites pas : La loi me justifie,

car j'épouse après avoir enlevé. La loi réprouve un pareil mode de procéder au mariage.

Mais les motifs d'intérêt social font taire la loi répressive. Un mariage a été conclu. S'il a été célébré régulièrement, si le consentement des conjoints est libre, si les personnes dont le consentement est requis l'ont donné, si toutes les conditions de fond et de forme ont été rigoureusement observées, la loi s'abstient de frapper, parce que la répression serait plus funeste que l'indulgence. Que désire le législateur? Le maintien et la bonne harmonie de la société conjugale qui vient de se former. La peine qui serait prononcée contre le coupable, disait très-bien l'orateur du gouvernement, rejaillirait sur la personne dont il a abusé, et qui, victime innocente de la faute de son époux, serait réduite à partager sa honte.

Mais ce mariage est-il annulable? L'intérêt social se déplace. Le législateur ne voit plus du même œil cette société fragile, qui peut s'écrouler au souffle des volontés individuelles.

Je suppose que le père de la jeune fille, appuyé sur un texte du Code civil, vienne demander la nullité du mariage; l'intérêt de la famille est de briser le contrat. La loi criminelle attend encore une plainte spéciale. Ce dernier point est contesté.

M. Mangin, dans son traité de l'action publique, se demande « quels motifs aurait eus la loi pour subordonner les pour- » suites à la dénonciation des parties qui ont fait annuler le » mariage. » MM. Chauveau et Faustin Hélie répondent par une distinction.

L'article 357 permet l'exercice de l'action publique dans deux cas, d'après ces auteurs :

1° Quand la nullité du mariage est prononcée. Dès lors, entre le ravisseur et sa victime tout est rompu : *le mariage n'existant pas*, le ministère public a le droit de requérir l'application des articles 354, 355 et 356 du Code pénal.

2° Quand la nullité du mariage est simplement demandée, auquel cas le ministère a le droit de poursuivre sur la plainte des demandeurs.

Cette théorie nous semble fausse. On lit en effet dans l'exposé des motifs du Code : « Il ne suffit pas, pour que l'époux » puisse être poursuivi criminellement, que la nullité du » mariage ait été demandée, il faut encore qu'en effet le » mariage soit déclaré nul. » Rien de plus formel. D'ailleurs, la distinction n'est pas dans l'article 357. Quand le ravisseur peut-il être condamné? *Après que la nullité du mariage aura ét' prononcée*, dit la loi. Mais alors, quand pourra-t-il être poursuivi? Sur *la plainte* de certaines personnes. Ici j'arrive à la théorie de M. Mangin, que je repousse également. Le texte ne confond pas la plainte et l'action en nullité.

Les tribunaux ont annulé le mariage, et pourtant le ministère public doit encore attendre une plainte privée. Le législateur a sans doute pensé que les parties intéressées redoutaient, même après avoir intenté l'action en nullité, même après avoir obtenu l'annulation, le scandaleux éclat d'un débat criminel. Résolu de tout sacrifier, dans cette matière, à l'intérêt de la victime et de sa famille, il s'abstient de mettre en mouvement l'action publique. MM. Chauveau et F. Hélie croient que si l'article 357 subordonne la poursuite à la plainte, c'est qu'il suppose l'existence du mariage, mais que cette exception s'efface à la dissolution du mariage. M. F. Hélie, du reste, professe une autre opinion dans son Traité de l'Instruction criminelle; il avoue que le texte est formel, et qu'il peut y avoir un grand intérêt à empêcher la poursuite d'un rapt suivi d'un mariage, même annulé. La loi, disait Cambacérès, dans la séance du 12 novembre 1808, ne déroge pas à sa dignité en remettant, lorsque les familles sont d'accord, une peine qu'elle n'établit que dans l'intérêt des familles.

Carnot croit que les poursuites criminelles pourraient

commencer avant la fin du procès civil, « ce qui est fondé sur
» ce que pendant l'instance en nullité, les preuves pour-
» raient dépérir. » M. Mangin répond très-bien : « L'action
» publique n'ayant d'autre objet que l'application des peines,
» cette action ne peut s'exercer tant qu'il est incertain si le
» fait est ou non puni par la loi. Or le principe de l'article
» 357 est que le ravisseur qui a épousé la fille enlevée soit
» à l'abri de toute poursuite ; ce principe ne cède que devant
» un jugement qui annule le mariage. » (1) Nous adoptons
» entièrement cette opinion.

Quand le mariage a été contracté au mépris des art. 144,
147, 161, 162 et 163 du Code Napoléon, le ministère public
peut lui-même former la demande en nullité. Peut-il agir
d'office contre le ravisseur après l'annulation prononcée?
Nous ne le croyons pas : ceux-là seuls peuvent porter *plainte*
qui sont en position de mesurer les périls ou les avantages de
la poursuite, et de consulter l'utilité réelle de la mineure (2).

La Cour d'assises de la Seine a jugé, le 26 mars 1834,
« que l'exception introduite en faveur du ravisseur ne peut
» s'étendre jusqu'au complice. » M. Faustin Hélie a très-
justement critiqué cet arrêt, en montrant que la loi, dans
notre matière, avait entendu déroger aux règles ordinaires
de la complicité. S'agit-il ici d'un privilège personnel attaché
à la qualité du ravisseur? Non, sans doute; bien que la base
de l'excuse absolutoire soit dans le mariage valable, c'est-à-
dire, bien que le mariage soit le fait « qui, tout en laissant
» subsister un certain fond de culpabilité, a pour consé-
» quence une diminution, ou quelquefois même une exemp-
» tion totale de peine, » la loi veut avant tout étouffer le
scandale et voiler le crime; son but est manqué, si le ministère public poursuit les complices du rapt.

(1) Mangin. Traité de l'action publique et de l'action criminelle, t. I,
p. 312.
(2) V. F. Hélie, Instruction criminelle, t. III, p. 115.

Il ne faut pas voir des cas d'excuse dans les autres hypo-thèses où la loi subordonne à la plainte de la partie lésée l'exercice de l'action publique. Ainsi, la chasse sur le terrain d'autrui ne peut être poursuivie que sur la plainte du pro-priétaire. Pourquoi? La loi présume que le propriétaire a consenti au fait de chasse. Cette présomption couvre entiè-rement le chasseur : aucun délit n'est imputable à quiconque est présumé chasser sur le terrain d'autrui avec le consen-tement du propriétaire. D'ailleurs, ne détournons pas les mots de leur sens véritable. L'excuse, dans la langue vul-gaire, repose sur un fait ou sur une qualité personnels à ceux qui l'invoquent. Il n'entre pas dans notre cadre d'étudier les applications de la règle qui suspend, dans certains cas, l'ac-tion publique jusqu'à la plainte des parties lésées. Néan-moins, nous croyons encore apercevoir un cas d'excuse absolutoire dans l'article 336 du Code pénal.

9ᵉ Cas.

Article 336 P.

Art. 336. « L'adultère de la femme ne pourra être dé-
» noncé que par le mari, cette faculté même cessera s'il est
» dans le cas prévu par l'article 339. »

J'invoque un motif d'excuse absolutoire, peut dire la femme
aux tribunaux : mon mari entretient une concubine dans la
maison conjugale. D'après MM. Chauveau et F. Hélie, ce
n'est pas là un cas d'excuse. Mais l'adultère du mari a-t-il
été sans influence sur l'adultère de la femme? Celle-ci, voyant
son conjoint violer sa foi, n'a-t-elle pas été par là même en-
couragée à l'oubli de ses devoirs? A notre avis, une double
idée a dicté le second paragraphe de l'article 336; le mari
s'est rendu indigne de poursuivre le châtiment de l'adultère;
la loi s'abstient de frapper cette femme sacrifiée à une concubine et poussée à bout par cet outrage (1).

Ici l'excuse absolutoire se résume en une fin de non-recevoir, par ce motif tout particulier que, dans l'espèce, le
mari a seul qualité pour mettre en mouvement l'action publique.

L'article 336 renvoyant à l'article 339, la fin de non-recevoir doit résulter d'un jugement; mais la condamnation ne
doit pas nécessairement précéder la dénonciation du mari.
Cette plainte, portée par la femme, disent les auteurs de la
Théorie du Code pénal, forme une question préjudicielle sur
laquelle il doit être statué préalablement au jugement qui
doit intervenir sur la dénonciation du mari.

(1) Autrement, pourquoi, dans l'espèce, alors que l'incapacité du
mari dérive d'une conduite honteuse, l'action publique serait-elle suspendue entre les mains du ministère public?

On reconnait que si le mari a dénoncé sa femme, le complice peut être poursuivi d'office, quand même il n'aurait pas été désigné dans la plainte. A notre avis, quand la femme oppose la fin de non-recevoir tirée de l'article 339, l'action publique n'est pas éteinte contre le complice. La Cour de Cassation (1), sans doute, a jugé que la cause du complice était *indivisible* de celle de la femme : mais dans l'espèce, il s'agissait du désistement du mari; la Cour suprême pensa qu'en retirant sa plainte, le mari reconnaissait son erreur ou voulait tout ensevelir dans l'oubli. Quand la femme, au contraire, invoque le bénéfice de l'article 336, 2°, c'est que le mari l'a réduite à la nécessité de faire valoir cette excuse. Pourquoi donc arrêter l'action publique, quand le mari n'hésitait pas à flétrir sa femme adultère par une dénonciation suivie d'un procès criminel?

Mais faut-il voir dans la connivence du mari à la débauche de sa femme un nouveau cas d'excuse aboutissant à une fin de non-recevoir? C'est l'avis de M. Mangin, dans son *Traité de l'Action publique*. Si le pardon du mari élève une fin de non-recevoir contre la plainte, écrit cet auteur, à plus forte raison ne doit-il pas être écouté quand il a autorisé les faits qu'il vient ensuite dénoncer. C'était la solution de notre ancienne jurisprudence. Nous repoussons la théorie de M. Mangin.

Dans le projet de Code pénal, on limitait le droit de dénonciation du mari au cas où il n'aurait pas connivé lui-même à l'adultère. Cette idée fut combattue et finit par disparaître : il fallait bien se garder, pensa-t-on, de soumettre à des imputations scandaleuses l'homme qui, pour ne pas divulguer les désordres de sa femme, aurait gardé quelque temps le silence sur ses égarements. Qu'en faut-il conclure?

(1) 28 juin 1839.

Ce n'est pas un nouveau cas d'excuse absolutoire : cette fin de non-recevoir aboutit à la suppression de la peine : or la peine ne peut être mitigée ou supprimée, dans notre législation, que sur un texte formel. Je ne vois pas, comme M. F. Hélie, une aggravation de criminalité pour la femme dans la connivence du mari. Mais je ne trouve pas d'inconvénient à ce que la femme ne puisse s'armer d'une pareille fin de non-recevoir. Voilà un ménage assurément peu respectable, et la plainte du mari donnera carrière à l'action publique.

Le mari ne peut être déclaré coupable d'adultère que *sur la plainte de sa femme* (art. 339). Peut-il chercher dans l'adultère de sa femme une fin de non-recevoir et un motif d'excuse? Non, d'après la Cour de Cassation (1). Cette doctrine ne saurait être contestée : les déchéances ne se présument pas; les excuses ne sauraient être créées par voie d'interprétation.

Quant aux fins de non-recevoir tirées de la réconciliation des époux et de l'interdiction du mari, nous ne les rangeons pas parmi les excuses. Le mari veut bien pardonner, ou le mari, frappé d'incapacité, ne peut plus rendre une plainte valable. Ici la femme n'échappe à toute pénalité que par une suite du mécanisme de notre législation criminelle : les lois, dans l'intérêt du repos des familles, ont enchaîné l'action publique en la subordonnant à la condition de la plainte.

(1) 9 mai 1821.

10ᵉ CAS,

Article 380 P.

Art. 380, 1° « Les soustractions commises par des maris
» au préjudice de leurs femmes, par des femmes au préju-
» dice de leurs maris, par un veuf ou une veuve quant aux
» choses qui avaient appartenu à l'époux décédé, par des
» enfants ou autres descendants au préjudice de leurs pères
» ou mères ou autres ascendants, par des pères et mères ou
» ascendants au préjudice de leurs enfants ou autres descen-
» dants, ou par des alliés aux mêmes degrés, ne pourront
» donner lieu qu'à des réparations civiles. »

Le législateur, à notre avis, consacre dans cet article un
nouveau cas d'excuse absolutoire : le délit, l'imputabilité
subsiste ; mais l'intérêt social empêche l'application de la
peine : « Les rapports entre ces personnes sont trop intimes
» pour qu'il convienne, à l'occasion d'intérêts pécuniaires,
» de charger le ministère public de scruter les secrets de
» famille (1). » La conséquence est claire : si le délit ne
s'efface pas avec la peine, la soustraction peut devenir une
circonstance aggravante d'un autre motif. Ainsi l'a très-bien
jugé la Cour de Cassation par un arrêt du 21 décembre 1837,
à propos d'un meurtre imputé à des enfants sur la personne
de leur père.

MM. Chauveau et F. Hélie critiquent cette jurisprudence.
D'après ces auteurs, « entre époux, entre ascendants et des-
» cendants, les limites de la propriété, nettement tracées
» aux yeux de la loi, ne sont pas en fait posées avec la même
» netteté. Il existe, nous ne dirons pas une co-propriété,

(1) Exposé des motifs.

» mais une sorte de droit à la propriété les uns des autres. »
Ce langage est peu juridique. Qu'est-ce que le vol? La soustraction frauduleuse de la chose d'autrui : *donc* le vol existe.
Les auteurs de la Théorie du Code pénal ont tort, dans
l'espèce, de considérer la famille comme « un être collectif. »
La famille n'est pas un être collectif au point de vue des droits
de propriété. Quant à l'autorité de Muyart de Vouglans, en
pareille matière, nous la déclinons très-nettement : le législateur de 1810 ne s'est guères occupé de Muyart de Vouglans.
Comment admettre, enfin, l'argument tiré du mot *soustractions* placé au commencement de l'article? Aux termes de
l'article 379, les mots *vol* et *soustraction frauduleuse* sont
parfaitement synonymes! La synonymie des expressions
prouve la similitude des idées.

MM. Chauveau et F. Hélie critiquant plus spécialement
l'arrêt de 1837 prétendent que les soustractions dont il s'agit,
ne constituant pas un délit, ne sauraient rentrer parmi les
circonstances aggravantes dont il est parlé dans l'art. 304.
Mais c'est là une pure pétition de principes, puisqu'on
cherche précisément si de pareilles soustractions constituent
ou non un délit. Et comment admettre ensuite, s'écrient
ces auteurs, que le même fait se trouve là couvert par la
protection de la loi, ici livré à l'action publique, dans un cas
à l'abri de toute peine et de toute incrimination, dans l'autre
pris comme élément de la peine la plus rigoureuse? Rien de
plus simple. La loi, dans l'hypothèse prévue par l'art. 380,
craint de troubler le repos des familles : mais quand le foyer
domestique vient d'être ensanglanté, cette idée peut-elle
encore arrêter l'application de la peine? Le meurtre a fait
tomber le motif de l'excuse absolutoire. Quel moment
choisi pour l'indulgence? La première condition de la saine
interprétation d'une loi, c'est l'intelligence des motifs de la
loi.

La doctrine et la jurisprudence voient dans l'article 380 une disposition essentiellement limitative; c'est la règle générale de l'interprétation des lois criminelles.

Les vrais principes sur cette matière ont été posés par un arrêt de la Cour de Cassation du 14 mars 1818.

Les frères Mongrolles furent traduits devant le tribunal de police correctionnelle de Provins, comme prévenus d'avoir commis des soustractions frauduleuses de pièces d'argenterie et de sommes de deniers, dépendantes de la succession de leur père, au préjudice de leurs cohéritiers; renvoyés de la poursuite par un jugement du 19 novembre 1817, ils furent condamnés, sur l'appel du ministère public, à une année de prison et à 60 francs d'amende. Pourvoi en cassation, de la part des frères Mongrolles, pour fausse application de l'article 401 P.

Les frères Mongrolles, argumentant des termes de l'article 379, soutenaient qu'il n'y avait pas vol dans la soustraction d'une chose « sur laquelle on a un droit incontestable »; « ainsi, un cohéritier qui soustrait des objets de la » succession à laquelle il est appelé, ne commet pas un vol, » parce qu'il a sur ces objets un droit certain; qu'il en est » *copropriétaire.* » Ils invoquaient ensuite l'ancienne jurisprudence et le témoignage de Merlin; puis ils donnaient une double base à cette prérogative des héritiers :

1° L'intention présumée de ne pas commettre un vol;

2° L'infamie qu'une condamnation criminelle ferait nécessairement rejaillir sur tous les héritiers et sur la mémoire de leur auteur.

Ces motifs étant invariables, la législation n'avait pas dû varier. D'ailleurs, il y avait une peine édictée, dans ce cas, par le Code civil. Les héritiers qui ont diverti ou recélé des objets de la succession, sont déchus :

1° De la faculté de renoncer; 2° du bénéfice d'inventaire; 3° de toute part dans les objets divertis ou recélés.

Le ministère public démontrait que Merlin avait très-bien

aperçu la dérogation apportée par le Code pénal de 1810 à notre ancienne jurisprudence. Qu'importe que la soustraction soit de tout ou partie? elle ne caractérise pas moins le vol pour la portion qui appartient réellement à autrui. D'ailleurs, les articles 792 et 801 du Code civil, n'ont pas dû être regardés comme un obstacle à la peine correctionnelle, parce que le législateur ne s'y est occupé que *des intérêts civils*, et laisse le champ libre à l'action publique.

La cour suprême rejeta le pourvoi, se fondant sur ce que la copropriété dans des effets mobiliers n'exclut pas l'action de vol pour la soustraction frauduleuse de ces effets par un des copropriétaires au préjudice des autres. Si *l'honnêteté publique peut interdire cette action*, dans certains cas, et à l'égard de certaines personnes, ces cas et ces personnes sont déterminés par l'art. 380 P. D'ailleurs, poursuit l'arrêt, les articles 792 et 801 N. ne sont relatifs qu'à l'intérêt civil et aux instances civiles; il n'en résulte aucune modification dans notre législation criminelle.

Nous n'avons presque rien à dire sur les articles 792 et 801 N., invoqués dans ce pourvoi. Les déchéances civiles, prononcées par ces articles, complètent le système organisé par l'article 380, P. « L'action criminelle est ouverte, dit » Merlin, à moins que l'héritier au préjudice duquel le re- » célé est fait, ne soit ascendant ou descendant de l'héritier » recéleur. » Mais, qu'elle soit ouverte ou non, les soustractions faites au préjudice des cohéritiers, tombent sous le coup des articles 792 et 801.

Merlin ajoute (1) qu'il faut bien distinguer le recélé commis par un veuf ou par une veuve au préjudice des héritiers de l'époux prédécédé, du recélé commis par les cohéritiers, parce qu'au premier cas, il n'y a point d'action criminelle. C'est ce qui résulte de la combinaison des articles 380 P., 1460 et 1477 N.

(1) V. Répertoire, V° Recélé.

Art. 1460 N. « La veuve qui a diverti ou recélé quelques
» effets de la communauté est déclarée commune, nonobs-
» tant sa renonciation ; il en est de même à l'égard de ses
» héritiers. »

Art. 1477. « Celui des époux qui aurait diverti ou recélé
» quelques effets de la communauté est privé de sa portion
» dans lesdits effets. »

Les articles 1460 et 1477, comme les articles 792 et 801
viennent tempérer l'indulgence de l'article 380 P.

Ces *peines civiles*, si l'on peut s'exprimer ainsi, sont con-
çues dans un esprit d'équité manifeste. Pour renoncer, il
faut ne pas s'être immiscé ; l'immixtion par un acte illicite
équivaut, dans l'espèce, à l'immixtion par un acte licite.
Les coutumes de Paris, du Bourbonnais, du Nivernais, de
Bourgogne, etc., le décidaient ainsi. « La femme aurait beau
» dire qu'elle n'a pas eu l'intention d'accepter...; c'est à
» titre de peine qu'on inflige le caractère d'acceptation à un
» acte qui dans la pensée de la femme ne l'avait pas. » (1)

Du reste, il nous semble évident que l'article 1460 s'applique seulement 1° aux détournements qui ont eu lieu depuis
la mort du mari ; 2° aux détournements qui ont eu lieu avant
la dissolution du mariage, quand la femme persiste à dissi-
muler la possession des objets détournés.

Mais faut-il distinguer 1° les recélés antérieurs ; 2° les
recélés postérieurs à la renonciation? Ulpien et Sabinus tiennent pour l'affirmative, l'article 164 de la coutume d'Artois
pour la négative. Si l'on admettait le système de la coutume
d'Artois, les articles 380 P. et 1460 N. seraient indistinctement applicables à tous les recélés, quelle que fût leur date.
M. Troplong voit là une question d'intention : y a-t-il eu
connexité entre la renonciation et la soustraction postérieure?
la renonciation n'a-t-elle été qu'un moyen de recéler plus

(1) Troplong. Du contrat de mariage, n° 1560.

9

impunément ? Dans ce seul cas, il faut se référer à la coutume d'Artois, et appliquer la déchéance civile de l'article 1460 ainsi que l'exemption de peine établie par l'article 380 P. Autrement, dit très-bien M. Troplong, « c'est une » soustraction comme un tiers en pourrait faire une, » et le droit commun reprend son empire.

L'illustre jurisconsulte ajoute que les complices des recélés peuvent être poursuivis criminellement, aucune raison ne portant à les épargner. Cette question est sérieusement controversée. Voici le texte de l'article 380 2° P.

« A l'égard de tous autres individus qui auraient recélé » ou appliqué à leur profit tout ou partie des objets volés, » ils seront punis comme coupables de vol. »

Il est inutile de faire ressortir le caractère restrictif de ce dernier paragraphe : le législateur semble bien ne pas s'être référé pour la poursuite et la punition des complices de ces soustractions aux règles générales fixées par l'article 60 P. ; il déclare limitativement que tous les autres individus qui auraient recélé ou appliqué à leur profit tout ou partie des objets volés seront punis comme coupables de vol ; or il n'est pas loisible aux tribunaux d'étendre les dispositions des lois pénales.

La Cour de Cassation jugea le contraire, il est vrai, le 8 octobre 1818 ; mais elle revint sur cette jurisprudence et déclara par un arrêt longuement motivé du 15 avril 1825, que l'article 380 prononçait au profit des complices la même exemption de peine qu'au profit des conjoints, des ascendants et descendants, sauf dans les cas formellement prévus à la fin de cet article. N'est-ce pas d'ailleurs, disait la Cour, la règle la plus conforme au texte de l'article 59, d'après lequel les complices d'un crime ou d'un délit suivent le sort de l'auteur principal ? Ainsi, s'il n'y a lieu à poursuite, soit criminelle, soit correctionnelle, contre l'auteur principal,

il n'y a pareillement lieu à poursuite de la même nature contre les complices.

Mais, dans notre hypothèse, les recéleurs et ceux qui
appliquent à leur profit les objets soustraits doivent-ils être
punis comme auteurs principaux ou comme complices?
L'intérêt de la question est évident. Seront-ils responsables
des circonstances aggravantes auxquelles ils n'auront pas
personnellement participé? répondront-ils du fait des auteurs
principaux? Non, d'après MM. Chauveau et F. Hélie.

Tel n'est pas notre avis. Ce n'est que *par une sorte de
fiction*, lisons-nous dans la *Théorie du Code pénal*, que l'article 380 étend aux recéleurs et à ceux qui profitent de l'objet
soustrait la responsabilité de la soustraction. Nous n'avons
plus de fictions dans notre droit. A quel titre les recéleurs
sont-ils punis par le Code de 1810? « Ceux qui sciemment
» auront recélé, en tout ou en partie, des choses enlevées,
» détournées ou obtenues à l'aide d'un crime ou d'un délit,
» seront aussi punis comme complices de ce crime ou délit. »
Si l'on se refuse à voir des *délits* dans les soustractions
énoncées en l'art. 380, la fiction devient nécessaire; mais
nous avons reconnu en pareil cas 1° le délit, 2° l'*excuse*. Le
législateur, dans l'art. 380 2°, laisse subsister le délit en
effaçant l'excuse. Voilà l'explication la plus naturelle et la
plus juridique. Quant à ces mots : « coupables de vol, » qui
terminent l'art. 380, nous n'y saurions voir un argument sérieux dans le sens de l'autre système.

La femme mineure, qui, se rendant coupable de recel,
peut invoquer le bénéfice de l'art. 380 P., reste-t-elle commune malgré sa renonciation, conformément à l'art. 1460 N.?
MM. Zachariæ, Bellot, Rodière et Pont prétendent que la
femme mineure ne peut se priver indirectement d'un bénéfice tel que la faculté de renoncer : autrement, dit-on, ce
serait l'admettre à contracter par voie détournée des enga-
gements qu'elle est incapable de contracter directement.

Sans doute la femme mineure peut se faire restituer contre une acceptation préjudiciable (1455); mais le mineur n'est pas restituable contre les obligations résultant de son délit (1310). L'art. 1455, comme l'a très-bien dit M. Troplong, statue dans la prévision d'une qualité qu'on avoue, d'un acte licite dont on veut se faire relever. La punition encourue, il faut la subir; le caractère pénal de l'art. 1460 ne peut être sérieusement contesté : « Et s'il s'est trouvé que lesdites » veuves aient recélé aucun bien du défunt, audit cas elles » seront tenues de payer leur part desdites dettes, no- » nobstant lesdites renonciations; *et si, seront punies du* » *recèlement et du parjure.* » (Coutume du Nivernais.)

Mais la femme qui offrirait de restituer les objets sous- traits, encourrait-elle encore les déchéances civiles établies par les art. 1460 et 1477? La solution variera suivant les circonstances. Si l'époux rétablit l'objet recélé, spontané- ment, avant toute plainte et toute constatation, il serait trop rigoureux de qualifier le fait de recel : l'équité, dit M. Troplong, ne veut pas qu'entre époux on pousse les choses à la rigueur. C'est l'avis de nos anciens jurisconsultes.

En outre (1477), le délit de l'époux amène une exception à cette règle, que la société se partage par moitié (1474). Pour sa punition, il est privé de sa part dans les choses recélées.

De ce principe, que « les dettes marchent toujours paral- » lèlement et proportionnellement à l'actif reçu, » M. Trop- long conclut que l'époux privé de sa part dans les objets recélés ne doit pas rester chargé des dettes, comme s'il profitait de ces effets. On ne peut aggraver les peines par voie d'interprétation.

La Cour de Paris a jugé, le 24 juin 1843, que l'action éta- blie par l'art. 1477 N. se prescrivait par trente ans, et non par trois ans. En effet, il s'agit d'une déchéance purement civile.

Les art. 1460 et 1477 viennent tempérer l'exemption de

peine établie dans l'intérêt social par l'art. 380 P., et sauvegarder le principe d'équité.

L'article 380, dérogeant aux règles ordinaires du droit criminel, doit être entendu limitativement. Par exemple, si l'auteur de la soustraction emploie pour l'accomplir un crime ou un délit *sui generis*, en dehors du fait même de la soustraction, ce crime ou ce délit est soumis au droit commun. La Cour de Cassation l'a décidé pour le crime de faux (1).

Mais il faut consulter l'esprit de la loi. L'article 380 ne mentionne que les soustractions : j'assimile aux soustractions l'abus de confiance ou l'escroquerie. L'exposé des motifs, en effet, se sert de ces mots, « à l'égard de toute espèce de fraude » commise par les maris, etc. Le rapporteur du Corps-Législatif déclarait également : « Le projet a » cru devoir affranchir de la rigueur des poursuites crimi- » nelles les *atteintes à la propriété* qui peuvent se commettre » entre époux, entre ascendants ou descendants. » Mêmes motifs, même solution.

Le mari, lorsqu'il a méchamment commis des dégradations sur les biens de sa femme, peut-il invoquer le bénéfice de l'article 380 P.? La Cour de Cassation a rendu, sur cette question, un arrêt assez bizarre, à la date du 26 pluviôse an XIII. « Il ne faut pas croire, dit la Cour, que le mari soit » le maître de commettre des dégradations, et que sa qua- » lité de mari doive écarter l'idée d'un délit. » Puis elle ajoute : « Cette qualité pourrait, *tout au plus*, le mettre à » l'abri des poursuites criminelles à cause de l'honneur du » mariage. » Ce *tout au plus* est bien vague. Mais on ne comprend guères comment les auteurs de la *Théorie du Code pénal* font remonter cette doctrine, professée en l'an XIII, à l'interprétation des paroles prononcées au Corps-Législatif

(1) 17 déc. 1829.

en 1810. Il n'y a là rien qui ressemble à une soustraction;
et bien que le délit *n'attaque pas les personnes*, le conjoint
n'est pas excusable.

11ᵉ Cas.

Article 9. « Les députés ne pourront être recherchés, » accusés ni jugés en aucun temps pour les opinions qu'ils » auront émises dans le sein du corps législatif. »

C'est là, suivant nous, un cas d'excuse absolutoire. En effet, la loi donne-t-elle un brevet de non-culpabilité aux membres du corps législatif? La phrase suivante de M. Ortolan répond à cette question : « Il n'est pas impossible que ces discours » contiennent des excitations *coupables* contre l'Etat, des » diffamations, des calomnies même contre des particuliers » qui ne sont point là pour y répondre; le principe de la » justice absolue pourra souffrir de l'impunité : c'est un sa- » crifice à faire, dans la justice pénale sociale, à l'intérêt » plus grand auquel se rattachent ces fonctions (1). » Ainsi, dans l'espèce, la diffamation est *excusée*, on *excuse* des ex- citations au trouble et à la révolte : le député ne peut être poursuivi ni puni pour ses actes de député, bien que l'impu- tabilité subsiste tout entière. Mais cette irresponsabilité de fait ne sort pas de l'ordre des fonctions de représentant.

Enfin, nous vivons sous une monarchie héréditaire; or, le principe de l'hérédité serait compromis, l'action du gouver- nement suspendue, si le chef de l'Etat pouvait être poursuivi ou condamné pour des délits politiques ou pour des délits communs. Les délits du monarque doivent rester impunis; chacun d'eux est protégé par une excuse absolutoire qui n'est pas écrite dans les lois organiques de l'Empire, mais qui ré- sulte nécessairement du rétablissement du régime impérial.

(1) Eléments de droit pénal, p. 194.

« L'idée de la justice absolue peut en être froissée; mais
» telle est la condition inférieure de la justice pénale so-
» ciale (1). »

(2) Ortolan. Eléments de droit pénal, p. 103.

12ᵉ Cas.

Article 471 11ᵉ P.

Art. 471. « Seront punis d'amende, depuis un franc jusqu'à
» cinq francs inclusivement. — 11° Ceux qui, sans avoir
» été provoqués, auront proféré contre quelqu'un des in-
» jures autres que celles prévues depuis l'art. 367 jusques
» et compris l'art. 378. »

Il résulte de ce texte que la provocation par injures ou
violences légères constitue, dans l'espèce, une excuse absolutoire. L'ordre public n'est essentiellement blessé par le délit
d'injures entre particuliers que quand ces injures n'ont pas
été provoquées, dit un arrêt de la Cour de Cassation du
11 octobre 1837.

Un autre arrêt du 18 août 1830 déclare la contravention
excusable, quand même l'injure verbale n'aurait pas immédiatement suivi la provocation. « Admettre comme justifi-
» cation un acte sur lequel ont passé les réflexions de plu-
» sieurs heures, disait-on, ce serait reconnaître et perpé-
» tuer la vengeance. » La Cour se contenta de constater que
le paragraphe XI de l'art. 471 P. n'avait pas fixé l'intervalle
entre la provocation et l'injure, et qu'en fait, le tribunal correctionnel avait reconnu l'existence de la provocation. Il faudrait donc, d'après cette jurisprudence, bien distinguer la
provocation de l'article 471 P., et la provocation des articles 321 s. P. (1)

(1) V. notre commentaire de la section III, §. II, du titre II du Livre
III du Code pénal.

II.

EXCUSES ATTÉNUANTES.

1ᵉʳ CAS.

Articles 66, 67, 68, 69 P.

Art. 66. « Lorsque l'accusé aura moins de seize ans, s'il
» est décidé qu'il a agi *sans discernement*, il sera acquitté;
» mais il sera, selon les circonstances, remis à ses parents,
» ou conduit dans une maison de correction, pour y être élevé
» et détenu pendant tel nombre d'années que le jugement
» déterminera, et qui toutefois ne pourra excéder l'époque
» où il aura accompli sa vingtième année. »

Art. 67. « S'il est décidé qu'il a agi *avec discernement*, les
» peines seront prononcées ainsi qu'il suit : S'il a encouru la
» peine de mort, des travaux forcés à perpétuité, de la dé-
» portation, il sera condamné à la peine de dix à vingt ans
» d'emprisonnement dans une maison de correction. S'il a
» encouru la peine des travaux forcés à temps, de la dé-
» tention ou de la réclusion, il sera condamné à être ren-
» fermé dans une maison de correction pour un temps égal
» au tiers au moins et à la moitié au plus de celui pour lequel
» il aurait pu être condamné à l'une de ces peines. — Dans
» tous les cas, il pourra être mis, par l'arrêt ou le jugement,
» sous la surveillance de la haute police pendant cinq ans au
» moins et dix ans au plus. — S'il a encouru la peine de la
» déportation civique ou du bannissement, il sera condamné
» à être enfermé, d'un an à cinq ans, dans une maison de
» correction. »

Art. 68. « L'individu âgé de moins de seize ans, qui n'aura
» pas de complices présents au-dessus de cet âge, et qui
» sera prévenu de crimes autres que ceux que la loi punit de
» la peine de mort, de celle des travaux forcés à perpétuité,
» de la peine de la déportation ou de celle de la détention,
» sera jugé par les tribunaux correctionnels qui se confor-
» meront aux deux articles ci-dessus. »

Art. 69. « Dans tous les cas où le mineur de seize ans
» n'aura commis qu'un simple délit, la peine qui sera pro-
» noncée contre lui ne pourra s'élever au-dessus de la moitié
» de celle à laquelle il aurait pu être condamné s'il avait eu
» seize ans. »

La même peine ne saurait frapper l'homme à tout âge.
L'imputabilité ne commence qu'avec la raison.

Mais la raison n'atteint pas d'un seul bond son entier développement; sa marche est lente et progressive. Dès-lors, il
semble que le législateur, pour être juste, doive proportion-
ner la peine aux degrés de la culpabilité. Mais cette exacte
conformité de la peine et de la culpabilité ne se rencontre pas
dans les lois humaines.

Cependant deux systèmes sont en présence. L'un nous dira
que le meilleur moyen d'atteindre un résultat équitable, c'est
de laisser au juge une très-grande latitude. L'autre sentira
le danger de ce pouvoir et voudra poser une règle invariable.

Quelle règle? Le Code pénal simplifie toutes choses. Il prend
un chiffre, un âge fixe. Le juge devra se demander si l'accusé, mineur de seize ans, agissait *avec discernement*. Son
pouvoir est encore bien large, et la doctrine se plaint que le
système du Code laisse à l'appréciation discrétionnelle et
variable du magistrat l'âge où les poursuites peuvent avoir
lieu contre un enfant. Au-dessus de seize ans, le mineur est
majeur aux yeux de la loi criminelle. La doctrine se plaint
encore qu'on applique la pénalité ordinaire si longtemps
avant la majorité civile.

M. Ortolan voudrait que la loi s'attachât aux périodes phy-
siologiques du développement septennal, et procédât ainsi
par révolutions de sept ans en sept ans : 1° depuis la naissance jusqu'à sept ans accomplis, non-imputabilité; 2° de
sept ans accomplis jusqu'à quatorze, imputabilité douteuse, question à résoudre ; en cas d'affirmative, culpabilité
moindre ; 3° de quatorze ans accomplis jusqu'à vingt et un
ans, imputabilité certaine, culpabilité plus élevée que dans
le cas précédent, mais non encore au niveau commun; 4° à
vingt et un ans accomplis, culpabilité au niveau commun. Ce
système est peu compliqué, d'accord avec certaines tradi-
tions, conforme aux opinions de plusieurs physiologistes, et
nous offre enfin « un terme moyen au milieu de la variété des
» chiffres reçus dans les divers Codes de l'Europe (1). »

L'excuse atténuante des articles 67 s. est fondée sur l'idée
de justice. Le délit, cette fois, est imputable à l'agent, mais
imputable à un moindre degré. Le mineur de seize ans n'a
pas la plénitude de sa raison morale et de sa liberté : la peine
est atténuée.

On voit que nous mettons hors des cas d'excuse l'hypothèse de l'art. 66 P. En effet, l'excuse présuppose la culpabilité. Le mineur de seize ans qui n'a pas agi avec discernement ne peut pas être *excusé*. Le caractère des mesures
autorisées par l'art. 66 P. confirme encore cette idée. Le
mineur *acquitté* sera, *selon les circonstances*, remis à ses
parents ou conduit dans une maison de correction *pour y
être élevé*, etc. Si le mineur est enfermé dans une maison de
correction, c'est une mesure de *prévision*, *d'éducation bien-
faisante*, prise dans son intérêt exclusif. Néanmoins il faut
bien convenir qu'on procède à cette mesure par voie de
contrainte, soit envers les parents, dont l'autorité est écartée, soit envers le mineur, privé judiciairement de sa

(1) V. Éléments de droit pénal, p. 118.

liberté. Les mauvaises habitudes, les penchants vicieux commencent à percer, le tribunal a tout à craindre de l'insouciance ou de l'immoralité des parents. M. Ortolan caractérise très-bien cette contrainte en l'assimilant à une correction domestique.

Cela posé, il est impossible de comprendre comment on a si longtemps confondu (1) sous le même titre et dans le même établissement les détentions des mineurs de seize ans acquittés et celles de tous les condamnés correctionnellement. L'emprisonnement d'*éducation correctionnelle* doit être distingué non-seulement en théorie pure, mais encore en fait, de l'emprisonnement employé comme instrument de peine publique. La loi des 5-12 août 1850 a modifié sur ce point notre système pénitentiaire. L'article 3 de cette loi est ainsi conçu : « Les jeunes détenus acquittés en vertu » de l'art. 66 P., comme ayant agi sans discernement, » mais non remis à leurs parents, sont conduits dans une » colonie pénitentiaire ; ils y sont élevés en commun, sous » une discipline sévère et appliqués aux travaux de l'agri- » culture ainsi qu'aux principales industries qui s'y ratta- » chent. » Néanmoins la doctrine reproche encore à la loi de 1850 de n'avoir pas séparé radicalement, dans l'exécu- tion, ces deux catégories tout-à-fait distinctes suivant la jus-

---

(1) Une des conséquences de ce système était que les prévenus acquittés, et qui devaient être enfermés dans une maison de correction, interjetaient appel pour faire décider qu'ils avaient agi avec discerne- ment. Le 21 mai 1844, la Cour de Rennes fut saisie de cette question. L'avocat général fit remarquer qu'il n'y avait appel que de la part du prévenu, que la position de celui-ci ne pouvait être aggravée sur l'appel. Il maintenait qu'on ne pouvait plus décider que le mineur avait agi avec discernement, puisqu'alors il devrait être déclaré coupable du délit dont il avait été acquitté, et puni de la peine édictée contre l'auteur du délit. La Cour, contrairement à ces conclusions, considéra comme évident, d'après les allégations du prévenu, qu'il avait agi avec dis- cernement, et infirma le jugement du tribunal de première instance.

lice et suivant le texte de notre Code pénal : « les mineurs
« condamnés et les mineurs acquittés. »

Les seize ans doivent être accomplis, malgré le brocard
Annus conceptus pro completo habetur. Le législateur pro-
tège tous ceux dont la seizième année n'est pas révolue,
1° par une présomption de non-discernement; 2° par un
changement de juridiction; 3° par une atténuation de la
peine.

L'art. 1er de la loi du 25 juin 1824, à peu près textuelle-
ment transporté dans la loi du 28 avril 1832, et qui forme
aujourd'hui l'art. 68 P., soustrait en principe et sauf exception les accusés de moins de seize ans à la juridiction
des cours d'assises. Le législateur a voulu sans doute épargner au mineur la flétrissure des débats au grand criminel.
Mais la dérogation consacrée par la loi de 1824 n'en a pas
moins été l'objet de très-vives critiques. On a remarqué que
les jurés étaient les juges naturels des accusés mineurs de
seize ans, comme des autres : Les jurés, a-t-on dit, sauront
aussi bien que les tribunaux permanents apprécier les causes
impulsives du crime, faire la part des passions et de la légèreté du mineur. Enfin le législateur est forcé de déroger
en toute hâte à son nouveau principe.

D'abord la Cour d'assises est compétente si le crime
dont le mineur est prévenu entraîne la peine de mort, celle
des travaux forcés à perpétuité, de la déportation ou de la
détention, ou si le mineur a des complices présents âgés de
plus de seize ans, à cause de l'indivisibilité de la procédure.

Sous la monarchie constitutionnelle, la connaissance de
tous les délits commis, soit par la voie de la presse, soit par
tous les autres moyens de publication énoncés en l'art. 1er de
la loi du 17 mai 1819, était attribuée aux cours d'assises.
Le décret des 31 décembre 1851—3 janvier 1852, qui défère
aux tribunaux de police correctionnelle la connaissance de
tous les délits prévus par les lois sur la presse, et commis

au moyen de la parole, abroge l'article 1er de la loi du 8 octobre 1830. Il n'est pas dérogé aujourd'hui à l'art. 68 P.
par les lois sur la presse.

D'après la jurisprudence de la Cour de Cassation (1), la
Cour d'Assises ne peut se déclarer incompétente après avoir
reconnu que l'accusé a moins de seize ans. Cette jurisprudence est fondée sur un double motif : 1° les arrêts des
chambres d'accusation, qui ne sont qu'indicatifs de juridiction à l'égard des tribunaux correctionnels, sont attributifs
de cette juridiction pour les cours d'assises; 2° les cours
d'assises, étant investies de la plénitude de la juridiction
criminelle, ne doivent jamais se déclarer incompétentes, soit
à raison de la nature des faits, soit à raison de la qualité
des personnes.

Si le juge d'instruction reconnaît que le mineur de seize
ans, poursuivi pour crime, est justiciable du tribunal de
police correctionnelle, il peut prononcer le renvoi à ce tribunal sans examen par la chambre d'accusation. La Cour
de cassation l'avait ainsi jugé pour la chambre du conseil,
avant la loi votée le 18 juin 1856 (2). Si les attentats, en-
visagés abstractivement, constituent des crimes, mais si
l'on doit les considérer en appréciant la gravité qu'ils re-
çoivent de leur perpétration par l'agent du délit, le faux
témoignage rendu en pareille affaire devant les tribunaux
correctionnels est puni conformément à l'article 362 P., et
non pas comme le faux témoignage en matière criminelle.
Ainsi l'a jugé la chambre d'accusation de la Cour d'Angers
par un arrêt du 15 janvier 1850.

Du reste, la question de discernement doit être posée et
résolue dans toutes les juridictions, même pour contraventions de simple police.

(1) 20 avril, 13 juillet, 14 septembre 1827, 5 juillet 1832.
(2) 20 avril 1850.

Expliquons-nous : Si le juge de police reconnaît l'absence
de discernement chez l'inculpé, sans nul doute, il l'acquit-
tera. Mais pourra-t-il, à la suite de cet acquittement, ordonner qu'il soit détenu dans une maison de correction, conformément à l'article 66? Nous ne le croyons pas. Sera-t-il
obligé, en cas de condamnation, de diminuer la peine, conformément à l'article 69? Nous ne le croyons pas davantage.
Deux motifs nous mènent à cette solution d'abord adoptée (1),
aujourd'hui repoussée par la Cour de cassation (2). D'abord
le Code ne parle, dans les articles 66, 67 et 69, que de crimes
et de délits ; les contraventions de police sont traitées à part
dans un livre spécial. En outre, cette contravention a trop
peu de gravité, la peine est trop légère 1° pour qu'il soit
possible de renvoyer le mineur dans une maison de correction, 2° pour qu'il soit nécessaire d'abaisser la peine.

La question de discernement doit être posée dans les matières spéciales, aussi bien que pour les délits prévus par
le Code. Le ministère public ayant prétendu que l'excuse atténuante résultant de la minorité ne pouvait s'appliquer aux
matières spéciales, par exemple, aux infractions prévues
par la loi sur la police de la chasse, la Cour de cassation
répondit que les articles 66 s. P., avaient pour objet de
subvenir à la faiblesse de l'âge et dérivaient d'un seul et même
principe ; elle rejeta le pourvoi (3).

L'accusé qui n'a pas pu faire constater son âge par la pro-
duction de son acte de naissance doit-il perdre le bénéfice de
la loi? La question est controversée entre la doctrine et la
jurisprudence. MM. Legraverend, Carnot, Chauveau et F. Hélie
soutiennent la négative contre la Cour de cassation. (Arrêts
du 19 avril 1821 et du 17 mars 1838.) La Cour suprême

(1) 22 novembre 1811.
(2) 20 janvier 1837 et 13 avril 1844.
(2) 3 février 1849.

jugeait aussi, le 1er mars 1838, que l'erreur d'un arrêt de mise en accusation sur l'âge de la victime de l'attentat à la pudeur sans violence physique, encore que cette erreur eût pour résultat d'attribuer à la juridiction criminelle la connaissance d'un fait qui n'était réellement qu'un délit correctionnel, ne pouvait motiver une cassation. Les rédacteurs du journal du droit criminel (1) appréciaient ainsi cette jurisprudence : « Nous concevons un pareil rejet, de même que
» si l'erreur de l'arrêt de renvoi portait sur l'âge d'un accusé
» qui dût n'être jugé que par le tribunal de police correc-
» tionnelle; aux termes de l'article 68 P., parce que, du
» moins, dans ces deux cas, une voie est ouverte à la dé-
» fense. Mais après une condamnation qui ne repose que sur
» une erreur matérielle aussitôt démontrée, qui est vicieuse
» en ce qu'elle ne tient aucun compte d'un obstacle légal que
» le ministère public et le juge lui-même auraient dû procla-
» mer d'office s'ils l'eussent aperçu, n'y a-t-il pas plus que
» de la rigueur à refuser la rectification d'une erreur aussi
» funeste, par la voie qui seule reste ouverte? L'opinion de
» M. Carnot, si elle n'est appuyée sur aucun texte, n'est
» contredite non plus par aucune disposition de loi... Si du
» moins le jury était interrogé sur l'âge de l'accusé, toutes
» les fois qu'il y a doute et que la circonstance de l'âge peut
» influer sur la peine à appliquer!.... Mais non; la Cour a
» jugé, par arrêt du 16 septembre 1836, que la question
» n'appartient qu'à la Cour d'assises, de telle sorte qu'au-
» cune discussion n'aura lieu sur l'âge de l'accusé s'il ne la
» provoque pas lui-même. »

La Cour suprême s'est ralliée sur ce dernier point au sentiment de la doctrine, dans un arrêt de Cassation du 26 septembre 1850, rendu sur le rapport de M. F. Hélie. L'arrêt vise les articles 540 I. cr., 66 et 67 P., et déclare que la question

(1) X. 357.

10

de savoir si l'accusé a moins de seize ans, ayant pour objet un fait essentiellement modificatif de la criminalité, doit être posée au jury toutes les fois que les énonciations de l'arrêt de mise en accusation ou les résultats du débat paraissent l'indiquer.

Une seule difficulté s'est élevée sur les dispositions de l'art. 67 P. qui règlent l'atténuation de la pénalité.

Quand cet article édicte une peine correctionnelle pour un temps *égal au tiers au moins de celui pour lequel* l'accusé aurait pu être condamné, est-ce le tiers du *minimum* ou du *maximum* ? Un point constant, c'est que les tribunaux répressifs ne doivent pas s'attacher nécessairement au *maximum* de la peine; la Cour de Cassation a très-bien jugé que, « d'après les articles 19 et 21 P., la durée, soit des travaux » à temps, soit de la réclusion, pouvant n'être que de cinq » ans, il s'ensuit, par une conséquence nécessaire des dispo- » sitions dudit article 67, que la durée de la détention cor- » rectionnelle d'un mineur de seize ans peut n'être que du » tiers de cinq ans, c'est-à-dire, de vingt mois. » Mais d'autre part faut-il s'attacher au *minimum* de la peine? Cette opinion nous semble indiquée par l'auteur du Réper- toire du droit criminel, à l'article *Mineurs*. Est-ce bien exact? La Cour Suprême devrait-elle casser un arrêt de Cour d'As- sises ordonnant, dans l'espèce précitée, un emprisonnement correctionnel au-dessus de vingt mois? Nous ne le pensons pas; le texte de l'article 67 résiste à cette interprétation.

« Il a été également reconnu par la jurisprudence, ajoutent » les auteurs de la Théorie du Code pénal, qu'il est contraire » au vœu de l'art. 69 d'appliquer au condamné pour délit » correctionnel, qui a agi avec discernement, *la moitié* de » la peine qu'il aurait précisément subie s'il avait eu seize » ans accomplis. Il est nécessaire que la peine appliquée soit » *au-dessous* de la *moitié* de celle qu'il aurait dû subir s'il » avait eu cet âge. Cette solution n'est que l'application

» textuelle de la loi. » La doctrine de MM. Chauveau et
F. Hélie est conforme à l'ancien article 69 (1), mais la Cour
Suprême ne pourrait s'appuyer aujourd'hui sur le nouvel
article 69 pour casser une décision correctionnelle appliquant
au condamné la moitié de la peine.

Le mineur peut être condamné à des dommages-intérêts;
peut-il défendre à cette action civile sans l'autorisation de
son tuteur? La question est controversée. On se demande
avec raison pourquoi les intérêts du mineur seraient moins
protégés devant les tribunaux criminels que devant les tribunaux civils : le tuteur ne complète-t-il pas la personne
civile du mineur? Il s'agit de mettre en cause le tuteur avec
le pupille, le défenseur légal avec le prévenu. Pourquoi la
partie civile réclamerait-elle une exception au droit commun?
Cependant la Cour de Cassation se range à l'opinion contraire (2); on invoque dans ce sens les formes ordinaires de
procéder de nos juridictions répressives, qui ne comportent
point l'appel en cause des tuteurs ou autres représentants
légaux. N'y a-t-il pas là une pétition de principes?

Le mineur de seize ans, même acquitté, pouvait, aux
termes d'un arrêt de la Cour de Cassation, être poursuivi
pour le paiement des frais, restitutions et dommages-intérêts
par la voie de la contrainte par corps; un revirement dans
la jurisprudence n'empêcha pas le législateur de 1848 de
vouloir trancher toute hésitation. Voici le dernier paragraphe
de l'article 9 de la loi du 13 décembre : « La contrainte par
» corps en matières criminelle, correctionnelle et de simple
» police, ne sera exercée, dans l'intérêt de l'Etat ou des
» particuliers, contre des individus âgés de moins de seize
» ans accomplis à l'époque du fait qui a motivé la poursuite,

____

(1) *Pourvu qu'elle soit au-dessous de la moitié de celle qu'il aurait subie.*

(2) 15 janv., 9 mai, 5 septembre 1846, 9 mars 1849.

» qu'autant qu'elle aura été formellement prononcée par le
» jugement de condamnation. »

On s'est demandé quelles règles de *prescription* il faudrait
appliquer à un fait qualifié *crime*, et justiciable des tribunaux
correctionnels en raison de l'âge de l'accusé. Sera-ce l'article 635 I. Cr., ou l'article 636, qui réduit à trois ans la
durée de la prescription ? La Cour de Cassation a justement
admis ce dernier système (1).

La disposition de l'article 22 P. qui affranchissait les
mineurs de dix-huit ans de l'exposition publique est devenue
inutile depuis le décret des 12-14 avril 1848 qui abolit la
peine de l'exposition publique.

(1) 22 mai 1841.

2ᵉ CAS.

Article 135 P.

Art. 135. « La participation énoncée aux précédents ar-
» ticles ne s'applique point à ceux qui, ayant reçu pour
» bonnes des pièces de monnaies étrangères contrefaites ou
» altérées, les ont remises en circulation ; — toutefois celui
» qui aura fait usage desdites pièces après en avoir vérifié
» ou fait vérifier les vices, sera puni d'une amende triple
» au moins et sextuple au plus de la somme représentée par
» les pièces qu'il aura rendues à la circulation, sans que
» cette amende puisse, en aucun cas, être inférieure à seize
» francs. »

La participation à l'émission de monnaies contrefaites ou
altérées, est punie des travaux forcés à temps ou à perpétuité, selon certaines distinctions (art. 132, 153, 131 P.).
Celui qui fait sciemment usage desdites pièces, participe sans
doute à l'*émission* ; il commet une fraude évidente : mais il
ne faut pas le traiter sans pitié, parce qu'il aura cherché à
rejeter sur tout le monde la perte dont il était personnellement menacé. L'imputabilité subsiste sans doute, mais à un
moindre degré ; cette excuse est fondée sur une idée de justice.

Elle doit être soumise au jury dès que la position de la
question est requise, soit par l'accusé ou son défenseur, soit
par le ministère public. La Cour de cassation a jugé qu'il y
avait nullité, si la question n'était point posée ou si le jury
ne répondait pas à la question par une déclaration spéciale
et distincte (1).

(1) 26 juin 1845.

C'est à l'accusé, bien entendu, à prouver qu'il a reçu pour bonnes les pièces à l'émission desquelles il a participé. Mais une fois ce fait établi, c'est à l'accusation à prouver que le prévenu a vérifié les vices des pièces émises. C'est la jurisprudence de la Cour de cassation.

Les auteurs de la *Théorie du Code pénal* font remarquer que, le crime de participation à l'émission étant converti en simple délit, et les tentatives de délits n'étant considérées comme *délits* que dans les cas déterminés par une disposition spéciale de la loi (art. 3 P.), la simple tentative d'une émission de pièces qu'on sait être fausses, mais qu'on a reçues pour bonnes, n'est pas punissable.

Enfin, il nous paraît évident qu'il n'est pas dérogé par l'art. 135 P. à l'art. 463 P. L'amende ne peut être inférieure à 16 fr., dit l'art. 135 ; cela n'est vrai que s'il s'agit d'appliquer purement et simplement la peine édictée par cet article : mais pourquoi refuser au coupable excusé, dans cette hypothèse, le bénéfice des circonstances atténuantes ?

5ᵉ Cas.

Article 281 P.

Art. 283. « Toute publication ou distribution d'ouvrages,
» écrits, avis, bulletins, affiches, journaux, feuilles pério-
» diques ou autres imprimés, dans lesquels ne se trouvera
» pas l'indication vraie des noms, profession et demeure de
» l'auteur ou de l'imprimeur, sera, pour ce seul fait, punie
» d'un emprisonnement de six jours à six mois, contre toute
» personne qui aura sciemment contribué à la publication ou
» distribution. »

Art. 284. « Cette disposition sera réduite à des peines de
» simple police :

» 1° A l'égard des crieurs, afficheurs, vendeurs ou distri-
» buteurs, qui auront fait connaître la personne de laquelle
» ils tiennent l'écrit imprimé ;

» 2° A l'égard de quiconque aura fait connaître l'imprimeur ;

» 3° A l'égard même de l'imprimeur qui aura fait connaître
» l'auteur. »

« Que sont ordinairement, disait M. Berlier, les colpor-
» teurs d'écrits? des pauvres gens qui trouvent dans ce mé-
» tier facile deux ou trois francs à gagner par jour...; c'est
» la tête qu'il faut atteindre, et l'imprimeur, s'il est décou-
» vert, conduira lui-même à l'auteur : c'est ainsi que, d'éche-
» lon en échelon, on atteindra le but en frappant ou ména-
» geant les coups, non-seulement d'après les circonstances
» particulières de chaque affaire, mais aussi d'après les prin-
» cipes qui ont l'intérêt social pour base. »

MM. Chauveau et F. Hélie déclarent que le dernier paragraphe de l'art. 284 est abrogé par la loi du 21 octobre 1814.
L'art. 17 de cette loi est ainsi conçu : « Le défaut d'indica-

» tion, de la part de l'imprimeur, de son nom et de sa de-
» meure, sera puni d'une amende de trois mille francs. L'in-
» dication d'un faux nom et d'une fausse demeure sera
» punie d'une amende de six mille francs sans préjudice de
» l'emprisonnement prononcé par le Code pénal. » Le Code
de 1810 n'exigeait que la désignation de l'auteur ou de l'imprimeur : la loi de 1814 exige expressément la mention des
nom et demeure de l'imprimeur. Dès-lors la révélation du
nom de l'auteur ne constituerait plus une excuse. Tel n'est
pas notre avis.

Si la demeure et le nom de l'imprimeur ne sont pas indi-
qués, c'est une infraction à la loi du 21 octobre 1814 ; il n'y a
pas lieu d'appliquer l'art. 284 P.

Mais si l'ouvrage contient une fausse indication du nom de
l'auteur, il y a lieu d'appliquer l'art. 283. Dès-lors pourquoi
refuser à l'imprimeur le bénéfice de l'excuse établie par l'article 284?

MM. Chauveau et F. Hélie soutiennent encore que le second
paragraphe de l'article 284 ne peut plus être invoqué par les
distributeurs ayant la qualité de libraires : ils se fondent sur
l'art. 19 de la loi du 21 octobre 1814, ainsi conçu : « Tout
» libraire chez qui il sera trouvé ou qui sera convaincu d'a-
» voir mis en vente ou distribué un ouvrage sans nom d'im-
» primeur, sera condamné à une amende de deux mille francs,
» à moins qu'il ne prouve qu'il a été imprimé avant la pro-
» mulgation de la présente loi. L'amende sera réduite à mille
» francs si le libraire fait connaître l'imprimeur. » Mais s'il
y avait un *faux nom* d'imprimeur? Le cas n'est pas prévu
par cet art. 19 : dès-lors pourquoi refuser au libraire-distri-
buteur, puni par l'art. 283, le bénéfice de la révélation que
lui donne l'art. 284? On peut avoir intérêt à connaître cet
imprimeur qui cache son nom : la meilleure preuve se tire
de l'article 19 lui-même, fait pour une hypothèse analogue
et qui réduit l'amende de moitié.

4° Cas.

Article 285 P.

Art. 285. « Si l'écrit imprimé contient quelques provoca-
» tions à des crimes ou délits, les crieurs, afficheurs, ven-
» deurs et distributeurs seront punis comme complices des
» provocateurs, à moins qu'ils n'aient fait connaître ceux
» dont ils tiennent l'écrit contenant la provocation.
 » En cas de révélation, ils n'encourent qu'un emprisonne-
» ment de six jours à trois mois; et la peine de la com-
» plicité ne restera applicable qu'à ceux qui n'auront point
» fait connaître les personnes dont ils auront reçu l'écrit im-
» primé, et à l'imprimeur s'il est connu. »

Les auteurs de la *Théorie du Code pénal* se demandent s'il
faut voir dans l'art. 285 une rigoureuse alternative entre la
complicité du distributeur et l'excuse qu'il puise dans la délation. La complicité, répondent-ils, suppose nécessairement
la connaissance de la provocation et l'intention de la pro-
pager; il ne suffit donc pas, pour que le distributeur soit
responsable du contenu de l'écrit, qu'il l'ait répandu; il
faut qu'en le distribuant il ait agi avec connaissance.

L'article n'a trait qu'aux écrits anonymes. L'imprimeur,
si l'auteur est connu et mis en cause, ne peut être poursuivi
comme complice que dans le cas où il aurait agi sciemment
(art. 24 L. 17 mai 1819).

5ᵉ Cas.

Article 288 P.

Art. 287. « Toute exposition ou distribution de chansons,
» pamphlets, figures ou images contraires aux bonnes mœurs
» sera punie d'une amende de seize francs à cinq cents francs,
» d'un emprisonnement d'un mois à un an et de la confisca-
» tion des planches et des exemplaires imprimés ou gravés
» de chansons, figures ou autres objets du délit. »

Art. 288. « La peine d'emprisonnement et l'amende pro-
» noncées par l'article précédent seront réduites à des peines
» de simple police 1° à l'égard des crieurs, vendeurs ou dis-
» tributeurs qui auront fait connaître la personne qui leur a
» remis l'objet du délit ; 2° à l'égard de quiconque aura fait
» connaître l'imprimeur ou le graveur ; 3° à l'égard même
» de l'imprimeur ou du graveur qui auront fait connaître
» l'auteur ou la personne qui les aura chargés de l'impres-
» sion ou de la gravure. »

On remarque :

1° À l'égard des crieurs et distributeurs, que si la délation
peut atténuer la peine édictée par l'art. 287, ils n'en restaient
pas moins soumis 1° à l'art. 22 du décret organique sur la
presse, qui prohibe l'exposition et la mise en vente des des-
sins, gravures, lithographies, etc., sans l'autorisation préa-
lable de l'administration, et punit les contrevenants d'une
amende de 100 fr. à 1,000 fr. et d'un emprisonnement d'un
mois à un an; 2° à l'art. 6 de la loi des 27-29 juillet 1840, qui
enjoint à tous les distributeurs ou colporteurs de se munir
d'une autorisation générale, délivrée, pour le département
de la Seine, par le préfet de police, et pour les autres dé-
partements, par les préfets, et punit les contrevenants d'une

amende de 25 fr. à 500 fr. et d'un emprisonnement d'un mois à six mois.

2° A l'égard des imprimeurs, que le système du Code pénal est modifié par l'art. 24 de la loi du 17 mai 1819, ainsi conçu : « Les imprimeurs d'écrits dont les auteurs seraient » mis en jugement en vertu de la présente loi, et qui auraient » rempli les obligations prescrites par le titre II de la loi » du 21 octobre 1814, ne pourront être recherchés pour le » simple fait d'impression de ces écrits, à moins qu'ils » n'aient agi sciemment, ainsi qu'il est dit à l'art. 60 P.... »

- 162 -

6ᵉ CAS.

Article 343 P.

Art. 341. « Seront punis de la peine des travaux forcés à
» temps ceux qui, sans ordre des autorités constituées et
» hors les cas où la loi ordonne de saisir des prévenus, au-
» ront arrêté, détenu ou séquestré des personnes quelcon-
» ques. — Quiconque aura prêté un lieu pour exécuter la
» détention ou séquestration subira la même peine. »

Art. 343. « La peine sera réduite à l'emprisonnement de
» deux ans à cinq ans, si les coupables des délits mentionnés
» en l'art. 341, non encore poursuivis de fait, ont rendu la
» liberté à la personne arrêtée, séquestrée ou détenue, avant
» le dixième jour accompli depuis celui de l'arrestation,
» détention ou séquestration. Ils pourront néanmoins être
» renvoyés sous la surveillance de la haute police depuis
» cinq ans jusqu'à dix ans. »

« Le Code se relâche de sa rigueur envers le coupable,
» dit l'exposé des motifs...; la loi commue la peine en faveur
» de son repentir et veut bien supposer que sa faute a été
» plutôt le résultat de l'irréflexion du moment que d'une
» préméditation tenant à des combinaisons criminelles. »
Ces mots *poursuivis de fait* doivent être entendus dans ce
sens, qu'il ne suffit pas que des poursuites aient été dirigées
au sujet du crime; qu'il est nécessaire, pour que les coupables
soient déchus du bénéfice de cet article, que les poursuites
aient été nominativement dirigées contre eux (1).

Quand le crime est accompagné d'une des circonstances

(1) V. Théorie du Code pénal.

prévues par l'art. 314, l'accusé ne peut plus alléguer l'excuse atténuante établie par l'art. 313; c'est ce qui ressort du texte même de cet article 313 (1).

(1) « ... les coupables des délits mentionnés en l'article 341... »

7ᵉ Cas.

Article 441 P.

Art. 440. « Tout pillage, tout dégât de denrées ou mar-
» chandises, effets, propriétés mobilières, commis en réu-
» nion ou bande et à force ouverte, sera puni des travaux
» forcés à temps; chacun des coupables sera de plus con-
» damné à une amende de deux cents francs à cinq mille
» francs. »

Art. 441. « Néanmoins ceux qui prouveront avoir été en-
» traînés par des provocations ou sollicitations à prendre
» part à ces violences pourront n'être punis que de la peine
» de la réclusion. »

Quand y aura-t-il provocation ou sollicitation? C'est là une
question de fait : les auteurs de la Théorie du Code pénal
avancent donc avec quelque témérité « qu'il ne faudrait pas
» ranger dans cette catégorie les dons et promesses agréés
» par l'accusé. » Le jury appréciera.

Mais le mécanisme de l'article 441 P. est tout spécial. Une
fois la question posée au jury et résolue affirmativement, le
juge n'est pas obligé d'atténuer la peine : la loi lui confère
une *faculté*.

Cette excuse est fondée sur un motif de justice. Il y a une
différence entre la culpabilité de l'instigateur et celle de
l'agent qui cède à l'instigation.

8° CAS.

Code pénal. Liv. III. Tit. II. Section III. §. II.
Art. 321, 322, 323, 324, 325, 326.

Ces articles sont précédés d'une rubrique ainsi conçue :
« Crimes et délits excusables et cas où ils ne peuvent être
» excusés. » L'inexactitude de ce langage est évidente. La
théorie des excuses n'est pas resserrée tout entière dans
les articles 321-326. Le livre deuxième du Code pénal, en
parlant des personnes *punissables, excusables* ou *responsables*,
comprend sous cette rubrique les mineurs de seize ans, et
traite de l'excuse résultant de cette minorité. La doctrine et
la jurisprudence ont largement interprété le langage du Code;
la Cour de cassation a reconnu, dans la plupart des cas ci-
dessus énumérés, qu'il y avait lieu d'appliquer l'article 339
du Code d'Instruction Criminelle, et de poser au jury, à
peine de nullité, la question prévue par cet article. Le Code
Pénal, en réalité, ne s'occupe que de la *provocation* dans les
articles que nous allons analyser.

Mais il envisage la provocation à divers points de vue.
Nous diviserons ainsi cette matière :

I. Provocation par coups ou violences graves envers les personnes.
II. Provocation par escalade ou effraction.
III. Provocation considérée comme excuse du meurtre entre époux.
IV. Provocation par outrage violent à la pudeur.

Il faut bien se garder de confondre la légitime défense et
la provocation. Dans le premier cas, l'homme exerce un
droit ; dans le second, il est poussé par un esprit de vengeance. Mais la nuance est parfois insaisissable. Quand cesse

la légitime défense? Quand commence l'acte commis en état
de provocation? Comment distinguer, dans la lutte, l'esprit
de colère et l'esprit de justice? Ce problème a dès longtemps
embarrassé les moralistes et les jurisconsultes.

Sans doute la maxime fondamentale était que le meurtre
d'un agresseur était justifié, si l'on n'avait pas trouvé d'autre
moyen pour se garantir du danger présent. Mais on ajoutait
que *cette maxime ne doit pas être prise trop à la rigueur* (1).
Un patriarche grec prétendait que si l'on tuait un agresseur
de qui l'on avait reçu une blessure mortelle, on n'était pas
coupable de meurtre; mais que si la plaie était légère et
non mortelle, le meurtrier méritait un châtiment. Puffendorf
se moquait d'une pareille solution. Quelques savants s'échauf-
faient sur cette autre question : « Si, pour se défendre inno-
» cemment, on doit employer des armes égales. » C'est là,
sans contredit, une dispute impertinente, dit Puffendorf. Ce
philosophe nous semble, du reste, avoir aperçu la différence,
entre la légitime défense et l'acte commis en état de provocation : « Ce que nous avons dit jusqu'ici nous donne lieu
» de conclure que quand on tue un agresseur en se tenant
» dans les bornes d'une juste défense, on ne se rend par-là
» coupable d'aucun crime, et qu'ainsi ce n'est pas une de ces
» choses qui, méritant d'elles-mêmes punition, demeurent
» impunies par l'indulgence des lois humaines, lesquelles
» donnent quelque chose au trouble d'une passion violente,
» et surtout aux mouvements d'une furieuse colère; comme
» quand un mari tue le galant de sa femme, qu'il trouve avec
» elle en flagrant délit. » Aujourd'hui la doctrine est plus
précise : elle voit sans doute une cause d'atténuation dans la
réaction spontanée qui suit la lésion du droit; mais elle ana-
lyse minutieusement les éléments moraux des actes humains
et répond à la question si vivement agitée, sous une forme

(1) Puffendorf. L. II. C. V.

confuse, dans les écrits des moralistes : Si la provocation
atténue, elle ne fait pas disparaître la culpabilité.

I. Provocation par coups ou violences graves envers les personnes.

Art. 321. « Le meurtre ainsi que les blessures et les coups
» sont excusables s'ils ont été provoqués par des coups ou
» violences graves envers les personnes. »
« Les crimes et délits, dit M. Monseignat dans son rapport
» au Corps-Législatif (séance du 17 février 1810), sont excu-
» sables lorsqu'ils ont été commandés par une espèce de né-
» cessité, que *Bacon* qualifie ingénieusement de nécessité
» coupable, pour la distinguer de la nécessité absolue, qui ne
» présente aucun caractère de culpabilité. » Le conseiller
d'État Faure, dans la séance du 7 février 1810, avait déterminé le caractère essentiel de la provocation ; cette provocation doit être violente, et d'une violence telle que le coupable
n'ait pas eu, au moment même de l'action qui lui est repro-
chée, *toute la liberté d'esprit* nécessaire pour agir avec une
mûre réflexion. L'excuse atténuante dont nous allons parler
est donc fondée sur une idée de justice ; l'imputabilité subsiste, mais à un moindre degré.

Mais comme les art. 321 s., en créant l'*excuse* de la provocation, créent une *exception* au droit commun, nous devrons
les interpréter restrictivement pour nous conformer à la pensée du législateur. Ainsi, par exemple, s'il s'agit de carac-
tériser la provocation, nous ne devrons pas seulement chercher, aux termes de l'Exposé des motifs, si elle a dû altérer
la liberté d'esprit de l'agent du délit ; nous devrons nous attacher au texte de la loi.

Que dit la loi ? C'est que le meurtre (321), doit être provoqué par des coups ou violences *physiques* : ainsi l'injure ne
saurait être admise comme excuse, non plus que la menace :
mais la menace ou l'injure pourrait motiver l'admission des

circonstances atténuantes. La menace constitue-t-elle une *violence grave?* La solution change : la Cour de cassation a reconnu « que la provocation violente peut exister sans blessure » effectuée, mais par la seule menace avec une arme meurtrière approchée du corps (1). »

La loi s'exprime ainsi : « coups ou violences graves *envers* » *les personnes* » : il est clair qu'une voie de fait envers des animaux ne saurait faire excuser les coups portés par le propriétaire (2). Mais la controverse peut naître sur un autre point. La violence envers une personne autre que celle qui a commis l'homicide ou porté les coups rentre-t-elle dans les prévisions de l'art. 321?

Bentham (3) a dit avec une force irrésistible :

« Mais ne peut-on défendre que soi-même? ne doit-on pas » avoir le droit de protéger son semblable contre une agression injuste? Certes, c'est un beau mouvement du cœur » humain que cette indignation qui s'allume à l'aspect du fort » maltraitant le faible. C'est un beau mouvement que celui » qui nous fait oublier notre danger personnel et courir aux » premiers cris de détresse. La loi doit bien se garder d'affaiblir cette généreuse alliance entre le courage et l'humanité. Qu'elle honore plutôt, qu'elle récompense celui qui » fait la fonction de magistrat en faveur de l'opprimé; il » importe au salut commun que tout honnête homme se considère comme le protecteur naturel de tout autre. » Ainsi, d'après Bentham, on ne devrait pas exclure l'excuse de la provocation résultant de violences envers un tiers : c'est le conseil de la morale et de la science; c'est l'avis des plus grands criminalistes (4) : ne faisons pas rétrograder le Code pénal.

(1) 15 messidor, an XIII.
(2) Cass., 5 février 1814.
(3) Principes du Code pénal, 2e éd., p. 52.
(4) Farinacius; Julius Clarus, etc.

D'ailleurs, sous l'empire de ce Code, on peut tirer argument du texte si vague de l'art. 321 et du texte si précis de l'art. 328. L'art. 321 dit : *les personnes*, sans rien spécifier : l'art. 328, fait pour le cas de légitime défense, justifie les blessures et les coups commandés par la nécessité actuelle de la légitime défense de soi-même ou *d'autrui*. L'analogie est évidente.

Mais supposons qu'on ne puisse imputer les coups ni les actes de violence physique à la victime du meurtre; que devient la question d'excusabilité? Un maître, par exemple, arme contre son ennemi ses serviteurs à gages; celui-ci, transporté de colère, égaré par le ressentiment, tue ce lâche provocateur : le crime est encore excusable, si le coupable n'avait pas, *au moment même de l'action, toute la liberté d'esprit nécessaire pour agir avec mûre réflexion* (1). (Exposé des motifs).

Du reste, le jury devra toujours se demander si l'agent du délit avait toute sa raison et tout son libre arbitre au moment de l'action : c'est par là que la peine devient susceptible d'atténuation : c'est la seule condition logique et légale de l'excusabilité. Ainsi, cette condition, exigée par le Code pénal de 1791, que le meurtre suivît immédiatement la provocation, a disparu du Code de 1810 (2). Le juge du fait appréciera donc ce moyen d'excuse « qui doit varier suivant » l'isolement, la position, la qualité physique ou morale du » coupable de ces violences et de la personne qui les » éprouve (3). » L'intervalle de la provocation au meurtre le guidera sans l'enchaîner : de même le résultat matériel des violences n'en détermine pas nécessairement la *gravité* : la loi, comme on l'a dit très-bien, fait dépendre cette gravité de la gravité de l'*outrage* qu'elles renferment. Il faut donc se

(1) V. Locré, t. 30, p. 476.
2) Cass., 10 mars 1826.
(3) Rapport de M. Monseignat. Locré, t. 30, p. 513.

référer, dans tous les cas, aux termes de l'Exposé des motifs, qui contiennent la règle.

La provocation qui atténue les coups et les blessures commis envers les particuliers cesse-t-elle de constituer une excuse, quand ces blessures et ces coups sont portés à des dépositaires de l'autorité et de la force publique ? Oui, d'après la Cour de cassation (1). Nous combattons cette solution.

La Cour de cassation invoque deux arguments.

Le dépositaire de la force publique, dit-elle, est toujours présumé, lorsqu'il agit au nom de la loi, ne faire que ce qu'elle lui prescrit ou lui permet ; ce n'est pas aux individus sur lesquels il exerce ses fonctions à se rendre juges de cet exercice. Mais quoi ! cette présomption de légalité ne tombe-t-elle pas devant la preuve de violences coupables ? Il ne s'agit pas de discuter le droit absolu du citoyen qui repousse la violence par la violence, mais de mesurer la culpabilité du prévenu : la qualité de fonctionnaire chez le provocateur n'anéantit pas les éléments constitutifs de la provocation.

L'article 321, remarque ensuite la Cour suprême, est classé parmi les crimes et délits contre les particuliers ; or, il s'agit dans les art. 222 s. des crimes et délits contre la chose publique. Mais les auteurs reconnaissent unanimement qu'on ne peut invoquer la classification des matières et la rubrique des chapitres du Code pénal dans la discussion de nos lois criminelles. « D'ailleurs, comme l'ont dit MM. Chauveau et
» F. Hélie, si les règles relatives à la provocation et à la lé-
» gitime défense ont été placées sous le titre de crimes et
» délits contre les particuliers, c'est que sous ce titre se
» trouvent placées en même temps les règles générales rela-
» tives aux crimes contre les personnes ; c'est que les vio-
» lences contre les particuliers, plus communes, don-

(1) 13 mars 1817 et 8 avril 1820.

» nent lieu à une application plus fréquente de ces disposi-
» tions (1). »

Pourquoi le législateur déroge-t-il à la théorie des excuses
pour le seul cas de parricide, s'il veut aussi soustraire les
fonctionnaires publics à la règle commune ?

Enfin, pourquoi la Cour de cassation reconnaît-elle que la
question de la légitime défense, dans notre espèce, peut être
proposée par le prévenu, et doit être posée au jury (2) ? N'y
a-t-il pas là contradiction flagrante !

On a critiqué la rédaction de l'art. 321 P. qui déclare excusables : 1° les coups et blessures ; 2° le *meurtre*, c'est-à-dire
l'homicide commis avec dessein de tuer, sans parler de l'homicide commis *volontairement*, mais *sans intention de donner
la mort*. C'est, dit-on, une inadvertance du législateur de
1832. Mais en tout cas le texte de l'art. 321 reste d'accord
avec le texte de l'art. 309, 2°, qui s'exprime ainsi : « Si les
» *coups portés* ou les *blessures faites* volontairement, mais
» sans intention de donner la mort, l'ont pourtant occa-
» sionnée, etc. » La critique de MM. Chauveau et F. Hélie
nous semble un peu subtile.

Art. 323. « Le parricide n'est jamais excusable. »

» Cette disposition, conforme à la nature et à la morale,
» dit M. Monseignat, avait été déjà consacrée par l'assem-
» blée constituante. Comment concevoir, en effet, la possi-
» bilité d'un motif excusable, pour donner la mort à celui
» auquel on est redevable du bienfait de la vie ? » (Corps-
Législatif, séance du 17 février 1810).

L'article 323 doit-il être restreint au seul cas de parricide,
et, par exemple, la provocation rend-elle excusables les
coups portés par un fils à son père ?

Englebert de N....., accusé d'avoir porté des coups à son

(1) Théorie du Code pénal, 2° éd., t. 3, p. 186.
(2) 13 janv. 1827.

père, prit des conclusions tendant à ce que le jury fût interrogé sur des violences graves de la part de son père, par lesquelles il prétendait avoir été provoqué. La Cour d'assises s'y refusa sur le motif que les coups portés par un fils à son père ne sont jamais excusables. La Cour supérieure de Bruxelles, par arrêt du 16 mars 1815, rejeta le pourvoi.

En effet, les termes du rapport de M. Monseignat, présentant le vœu d'adoption émis par la Commission législative, sont formels : « A l'égard de *tous autres* que les auteurs de » nos jours, *les blessures, les coups,* l'homicide même peu » vent être excusables... »

Mais il faut convenir que le texte de l'art. 323 résiste à cette interprétation. Le *parricide* n'est jamais excusable : une extension de cette dérogation à la théorie des excuses serait contraire à toutes les règles d'interprétation des lois pénales. Le rapport de la Commission législative n'est pas la loi. Quoi de plus vide et de plus insignifiant, d'ailleurs, que les Exposés des motifs, rapports, etc., qui accompagnèrent le vote du Code pénal? C'est donc avec raison que la Cour de cassation interprète restrictivement l'art. 323 P. (1).

L'article 323 exclut-il l'excuse atténuante accordée au mineur de seize ans? S'il faut à peine tenir compte, comme le disent les auteurs, de la classification des matières dans le

_____

(1) 10 janvier 1812. « Il faudrait, par le même motif, décider que » l'homicide volontaire commis sans intention de donner la mort, par » un enfant sur ses parents, profiterait du bénéfice de l'excuse. En ef » fet, l'art. 323 ne déclare déchu de ce bénéfice que le seul *parricide;* » or, l'art. 299 ne qualifie *parricide* que le meurtre des père ou mère et » ascendants de l'accusé. Donc, l'homicide commis volontairement, » mais sans intention de tuer, crime prévu par le §. 2 de l'art. 309...., » serait passible de l'application de l'excuse, lors même qu'il aurait été » commis sur les père et mère et les ascendants de l'accusé. Cette dis » tinction... est une conséquence implicite du deuxième paragraphe » ajouté par la loi de 1832 à l'article 309. » (Chauveau et F. Hélie. Théorie du Code pénal).

Code pénal, comment affirmer que l'art. 523 déroge simplement aux articles 521 et 522? Mais, cette fois du moins,
l'Exposé des motifs nous semble révéler l'esprit de la loi :
le conseiller d'Etat Faure s'exprime ainsi :

« Il est certains meurtres à l'égard desquels la loi n'admet
» point d'excuse, quoiqu'il y ait eu provocation violente.

» Par exemple, aucune provocation, quelque violente
» qu'elle soit, ne peut excuser le parricide : le respect reli-
» gieux qu'on doit à l'auteur de ses jours ou à celui que la loi
» place au même rang, impose le devoir de *tout souffrir*
» plutôt que de porter sur eux une main sacrilége. »

La pensée du législateur nous semble évidente : l'art. 523
n'exclut que l'excuse de la provocation. Cette solution, disons-
le, nous paraît la plus équitable, malgré toute l'horreur que
doit nous inspirer le parricide. Nous n'en sommes plus au
système de notre ancienne jurisprudence française qui, pour
les crimes atroces, faisait fléchir l'excuse de la minorité,
comme si le mineur avait atteint d'un seul bond la plénitude
de ses facultés intellectuelles et morales, par cela seul qu'il
s'était souillé d'un crime extraordinaire.

La loi déroge encore de la même manière à la théorie des
excuses pour le meurtre commis entre époux. Nous examinerons plus loin cette exception.

II. Provocation par escalade ou effraction.

Art. 522. « Les crimes et délits mentionnés au précédent
» article sont également excusables, s'ils ont été commis en
» repoussant pendant le jour l'escalade ou l'effraction des
» clôtures, murs ou entrée d'une maison ou d'un apparte-
» ment habité, ou de leurs dépendances. » — Si le fait est ar-
rivé pendant la nuit, ce cas est réglé par l'article 520.

Etablissons d'abord la différence entre la légitime défense
et l'acte commis en état de provocation.

Il y a légitime défense et portant justification :

1° Si l'escalade ou l'effraction a été commise pendant la nuit (322, 2° et 329) (1);

2° Si l'agression change de nature et offre un danger pour la vie même des habitants de la maison. En effet, il y a lieu d'appliquer l'article 328.

Ainsi, les actes énumérés par l'article 322, 1°, doivent être constitutifs de la provocation, mais *simplement* constitutifs de la provocation. Exemple : il s'agit d'une simple violation de domicile ; la vie des habitants n'est pas en danger : mais ils ignorent les projets de l'assaillant : l'homicide et les blessures sont excusables.

Modifions l'hypothèse : supposons qu'il s'agit d'une simple violation de domicile et que les habitants connaissent très-bien les projets de l'assaillant. Exemple : *Gaius Seius* entretient avec la fille de *Lucius Titius* des relations qui déplaisent à *Lucius Titius*; il escalade les murs d'un jardin situé dans l'enceinte générale de l'habitation de *Lucius Titius* et pouvant y donner accès. *Gaius Seius* est sans armes ; ses desseins sont connus : *Lucius Titius* le rencontre et le tue. Cet homicide n'est pas justifiable, sans nul doute ; mais peut-il être excusé? Nous distinguons : si *Lucius Titius*, armé par hasard, voit soudain l'amant de sa fille et le tue dans un transport de colère, au moment de l'escalade, l'homicide est excusable. Mais si *Lucius Titius*, armé d'avance, attend *Gaius Seius* et le tue de propos délibéré, l'article 322 du Code pénal est inapplicable :

(1) Même si l'escalade ou l'effraction a eu lieu pendant la nuit, il est nécessaire, pour que l'homicide soit licite, que les actes commencés ou accomplis pendant la nuit, aient donné lieu de craindre pour la sûreté des personnes, et que la défense se soit renfermée dans les limites d'une actuelle nécessité. V. Chauveau et F. Hélie, 2° éd., t. 4, p. 197 et 199.

1° Parce que le meurtre n'a pas été commis en *repoussant* l'escalade (322) ;

2° Parce que, cette fois, le meurtre devient un assassinat (290, 207, 298, 522) ;

3° Parce que l'acte n'est pas commis en état de provocation. (Locré, t. XXX, p. 470).

Il y a lieu, par conséquent, d'appliquer l'article 302 qui déclare que *tout coupable d'assassinat sera puni de mort*.

L'excuse de l'article 322 du Code pénal est assise sur une double base : 1° violation du droit de propriété ; 2° menace indirecte contre les personnes. Cette violation et cette menace excitent la colère et la crainte des habitants contre l'assaillant : on abaissera la peine conformément à l'article 326.

Mais l'escalade et l'effraction, commises *pendant la nuit*, quand elles ne peuvent constituer un moyen de légitime défense (1) pour l'agent du délit, peuvent-elles être regardées comme des éléments de la provocation ? La loi pénale, peut-on dire, est inextensible : or, l'article 322 ne parle que de l'escalade et de l'effraction *commises pendant le jour*. A notre avis, dès qu'il y a *légitime défense incomplète*, l'acte peut être regardé comme étant commis en état de provocation. Que dit d'ailleurs le rapport de M. Monseignat ? « Le projet » donne pour exemple de l'excuse de l'homicide les voies de » fait employées pour repousser pendant le jour l'escalade, » l'effraction, la violation du domicile. » Si le législateur a simplement voulu *donner un exemple*, il faut chercher une solution dans la théorie rationnelle de la provocation. Or, la science nous conduit à chercher et à fixer un état intermédiaire entre la justification et l'imputabilité complète (2).

(1) V. la note précédente.

(2) Les auteurs de la Théorie du Code pénal examinent quelques points de détail, et entre autres, la question suivante : Le crime accompli, par exemple, le vol une fois consommé, le meurtre ou les blessures com-

Il nous reste à déterminer le sens de ces mots « clôtures,
» murs ou entrée d'une maison ou d'un appartement habité,
» ou de leurs dépendances. »

Le mot *dépendances* peut être ainsi traduit, conformément
au texte de l'art. 390 : « Tous les lieux situés dans l'enceinte
» générale de l'habitation et qui peuvent y donner ac-
» cès (1). »

Mais-si nous puisons cette interprétation grammaticale
du mot *dépendances* dans le texte de l'art. 390, devons-nous
appliquer à notre matière la définition que l'art. 390 donne
du mot *maison habitée?* A quoi bon pour la question? Si la
maison est inhabitée, personne ne repoussera l'assaillant;
s'il se trouve une personne dans la maison destinée à l'habitation et que l'assaillant croyait actuellement inhabitée, cette
erreur importe peu; le bâtiment n'en est pas moins habité :
l'article 322 nous semble applicable.

III. Provocation considérée comme excuse de meurtre entre époux.

Art. 324. « Le meurtre commis par l'époux sur l'épouse
» ou par celle-ci sur son époux n'est pas excusable, si la vie
» de l'époux ou de l'épouse qui a commis le meurtre n'a pas
» été mise en péril dans le moment même où le meurtre a
» eu lieu. Néanmoins, dans le cas d'adultère prévu par l'ar-
» ticle 336, le meurtre commis par l'époux sur son épouse,
» ainsi que sur le complice, à l'instant où il les surprend en
» flagrant délit dans la maison conjugale, est excusable. »

mis sur les voleurs au moment de la retraite dans la vue de les arrêter
ou de reprendre les choses volées, sont-ils excusables? Non sans
doute, et cette solution est puisée dans la théorie rationnelle de la provocation. A ce moment, la *crainte* n'existe plus, d'ailleurs, l'incertitude
de la répression n'autorise pas à se faire justice à soi-même, etc., etc.
V. 2ᵉ éd., t. 4, p. 149 et 150.

(1) Chauveau et F. Hélie.

Nous trouvons dans l'art. 324, 1°, la seconde dérogation ci-dessus indiquée à la théorie des excuses. Le meurtre commis entre époux n'est pas excusable. Le législateur, en principe, n'admet pas l'excuse de la provocation « à l'égard de » personnes obligées par état de vivre ensemble et de n'é- » pargner aucun sacrifice pour maintenir entre eux une par- » faite union (1). » Remarquons néanmoins que la loi se tait sur les coups et blessures : les règles d'interprétation des lois pénales nous mènent à dire que le meurtre entre époux, seul, n'est pas excusable.

A cette dérogation deux exceptions. Le meurtre entre époux est excusable :

1° Si la vie du conjoint qui a commis le meurtre a été mise en péril dans le moment même où le meurtre a eu lieu.

Ici encore il faut bien distinguer la légitime défense de l'acte commis en état de provocation. Le meurtre est *justifié*, si le conjoint n'a dû son salut qu'au fait incriminé ; le meurtre est *excusé*, si le conjoint, malgré le danger, n'était pas dans la nécessité absolue de repousser ces violences par l'homicide (2).

2° Dans le cas d'adultère : 1° si le meurtre est commis par le mari ; 2° s'il l'a commis à l'instant même où il a surpris l'adultère ; 3° s'il a surpris l'adultère dans sa propre maison. Ces circonstances réunies, l'excusabilité s'étend au meurtre du complice.

Le Code pénal n'excuse que le mari. M. Ortolan (3) critique avec raison cette disposition ; il préfère le système du Code pénal de Sardaigne qui, dans son article 604, excuse la femme aussi bien que le mari. « S'il est beaucoup plus » rare, ajoute-t-il, que cette irritation pousse la femme au

(1) Locré, t. 30, p. 477 et 478.
(2) Par exemple, s'il pouvait s'y dérober par la fuite.
(3) Eléments de Droit pénal, p. 179.

» meurtre ou à des blessures, celle qui s'y laisserait entraî-
» ner n'en aurait pas moins commis son crime sous l'impul-
» sion passionnée à laquelle la violation de son droit l'aurait
» provoquée, et serait par conséquent moins coupable. Nous
» croyons que le Code, dans sa disposition, a cédé à la tra-
» dition et au préjugé de longue date qui existe sur ce point
» dans les mœurs. »

La loi, dans notre hypothèse, réduit le crime aux propor-
tions d'un délit : les jurés acquittent, et c'est un tort. Mais
de son côté, le législateur ne s'est-il pas trompé ? Cette loi,
méconnue du jury qui croit sans doute obéir à quelque raison
supérieure, puisée dans le droit naturel, est-ce une bonne loi ?
Le Code pénal a bien fait, selon nous, de préférer l'excuse
atténuante à l'excuse absolutoire. Cet adultère est un malheur;
mais nul ne doit se faire justice à soi-même; et si la peine
est diminuée, c'est que la colère égare l'époux outragé. Mais
la fougue d'une passion que l'homme peut contenir ne suffit
pas à lui faire *pardonner* son crime.

L'article 324 exige que les coupables soient surpris : 1° en
flagrant délit ; 2° dans la maison conjugale.

Il ne faut pas, pour résoudre cette question : Y a-t-il flagrant délit ? se référer à la définition de l'art. 41 I. Cr. (1).
Le flagrant délit dont il s'agit dans l'art. 524, ce n'est pas
le cas où le prévenu *est surpris par la clameur publique*, ni
le cas où il est trouvé nanti d'*effets qui font présumer* sa culpabilité. Selon nous, il faut et il suffit que la femme et son
complice aient été surpris ensemble dans une situation qui

(1) Art. 41 : « Le délit qui se commet actuellement ou qui vient de se
» commettre est un flagrant délit. — Seront aussi réputés flagrant délit,
» le cas où le prévenu est poursuivi par la clameur publique, et celui
» où le prévenu est trouvé saisi d'effets, armes, instruments ou pa-
» piers faisant présumer qu'il est auteur ou complice, pourvu que ce
» soit dans un temps voisin du délit. »

ne permette pas de douter que l'adultère vient d'être commis ou va se commettre (1).

L'excusabilité cesse avec la surprise et la colère qui viennent altérer la liberté. Y avait-il *provocation?* Le coupable n'avait-il plus toute la liberté d'esprit nécessaire pour agir avec réflexion (2) ? Voilà ce que le jury doit se demander.

Le mari, soupçonnant l'infidélité de la femme, s'est caché pour la surprendre : le meurtre est-il excusable? Les auteurs de la théorie du Code pénal établissent une distinction très-sage (3) : « Si le mari, soupçonnant l'infidélité, s'est caché » avec la seule pensée d'épier sa femme, et qu'à la vue de » l'outrage il n'ait pas été maître de sa colère, le fait d'avoir » connu et favorisé le rendez-vous, ne sera point un obstacle » à ce qu'il jouisse du bénéfice de l'excuse, car il n'avait » qu'un seul but en se cachant, celui de s'assurer de l'infi- » délité; il a prémédité de surprendre le coupable et non » de se venger; l'homicide est le résultat d'un mouvement » imprévu de colère; l'action n'a pas changé de nature. » Mais il en est autrement si le mari s'est caché avec la cer- » titude déjà complète du crime, muni d'armes et dans la » seule intention de le punir...; quelque juste que soit sa fu- » reur, son action n'est qu'un guet-apens, l'homicide qu'il » commet, qu'un assassinat. »

L'excuse serait-elle applicable aux personnes qui auraient aidé et assisté le mari dans la perpétration du meurtre? Non, à notre avis. L'excuse est *personnelle* au mari, et les complices sont responsables de leur assistance aux termes du droit commun.

L'adultère doit avoir été surpris dans la maison conjugale. La maison conjugale, ce sont les lieux qui servent d'habita-

(1) V. Chauveau et F. Hélie.

(2) Cf. Exposé des motifs. V. ci-dessus.

(3) 2° éd., IV, 163.

tion aux époux ; où chacun a le droit de se présenter, d'aller et venir sans sortir de chez soi. Les époux occupent la maison tout entière et ses dépendances? la maison tout entière et ses dépendances seront alors la maison commune; et si le mari trouve sa femme et le complice dans un pavillon placé au bout du jardin attenant à cette maison, il les aura bien rencontrés *dans la maison conjugale* (1).

La Cour de cassation a jugé, le 27 avril 1838, qu'après la séparation de corps, le domicile du mari ne saurait être considéré comme *domicile conjugal*, dans le sens de l'article 339 P., lequel édicte une peine contre le mari qui entretient une concubine dans la maison conjugale. On étend la solution de cet arrêt à l'hypothèse prévue par l'art. 324 2° P. (2) : cette assimilation est-elle à l'abri de la critique? Nous le pensons; sans doute il y a toujours *adultère*, puisque le mariage n'est pas dissous, et le mari peut se laisser entraîner aussi bien par la colère et la vengeance. Mais les règles d'interprétation des lois criminelles nous empêchent d'étendre le texte de l'art. 324 du Code pénal.

Enfin, comme cet article contient un renvoi formel à l'article 336, on en conclut que si le mari entretenait une concubine dans la maison conjugale, il n'est pas recevable à se prévaloir de l'atténuation de peine établie par l'art. 326. Il n'y a d'excusabilité qu'autant que le mari ne se serait pas enlevé à lui-même le droit de dénoncer sa femme.

IV. Provocation par outrage violent à la pudeur.

Art. 325. « Le crime de castration, s'il a été immédiate-
» ment provoqué par un outrage violent à la pudeur, sera
» considéré comme meurtre ou blessures excusables. »

(1) Cf. Demol. IV, 472.
(2) V. Répertoire du Droit criminel, II, p. 597.

Il ne suffirait pas d'un outrage à la pudeur, s'il n'était accompagné de violence (1).

D'après Carnot (2), la loi suppose qu'il n'a pas été possible à la personne outragée d'employer un autre moyen pour repousser la violence : il suffit qu'un autre moyen de défense ne se soit pas offert à l'esprit de la personne outragée, d'après d'autres jurisconsultes, et nous partageons cet avis.

Si l'outrage à la pudeur était commis contre un tiers, le crime de castration peut encore être excusable (3) : le texte de l'art. 325 ne résiste pas à cette solution (4).

Le crime de castration commis sur un ascendant en pareille circonstance serait encore excusable, quand même la mort en serait résultée avant l'expiration des quarante jours (5).

Dans tous ces cas, « lorsque le fait d'excuse sera prouvé,
» — s'il s'agit d'un crime emportant la peine de mort, ou
» celle des travaux forcés à perpétuité, ou celle de la dépor-
» tation, la peine sera réduite d'un emprisonnement d'un an
» à cinq ans ; — s'il s'agit de tout autre crime, elle sera
» réduite à un emprisonnement de six mois à deux ans ;
» dans ces deux premiers cas, les coupables pourront de
» plus être mis par l'arrêt ou le jugement sous la surveil-

(1) Mais il faut bien distinguer entre le crime de viol et la tentative de viol, d'une part, et d'autre part les attentats à la pudeur, qui ont pour but l'outrage et non le viol : dans le premier cas, nous voyons des violences extrêmes qui légitiment *tout moyen* de défense.

(2) II, 77.

(3) Mais il faut qu'il y ait eu violence *envers la personne* (Arg., art 321).

(4) « Il faut excepter le cas où un complot aurait été formé à l'avance
» pour l'exécution de la mutilation, et où l'outrage violent à la pudeur
» n'aurait été que le résultat et la suite d'une provocation faite à l'of-
» fenseur : il est évident que, dans une telle hypothèse, les auteurs de
» la mutilation ne pourraient invoquer comme excuse un outrage qu'ils
» auraient eux-mêmes provoqué. »

(5) V. ci-dessus.

» lance de la haute police pendant cinq ans au moins et dix
» ans au plus. — S'il s'agit d'un délit, la peine sera réduite
» à un emprisonnement de six jours à six mois. » (Art. 320.)

Dernière question. Voici un duel suivi de mort : Les com-
battants, je le suppose, renoncent à invoquer l'exception de
la légitime défense. Peuvent-ils chercher une excuse dans la
théorie de la provocation? Puisque la Cour Suprême a reconnu que la provocation violente peut exister sans blessure
effectuée, mais par la seule menace avec une arme meurtrière approchée du corps, *le duel est-il excusable?*

Si nous posons cette question, c'est que nous approuvons
entièrement la jurisprudence de la Cour de Cassation sur
les duels; la Cour s'appuyant : 1° sur les paroles de M. Monseignat à la séance du Corps Législatif du 17 février 1810;
2° sur l'opinion des plus grands publicistes, Barbeyrac,
Bacon, Blackstone, unanimes à reconnaître qu'une loi *spéciale*
n'est pas nécessaire pour la répression du duel; 3° sur cette
considération, que « classer le duel en-dehors et au-delà de
» l'homicide simple, admettre qu'il n'est autre chose qu'un
» combat double où l'agression répond à l'agression, la dé-
» fense à l'attaque, où les chances prévues et déterminées
» à l'avance sont égales; où celui qui veut tuer et blesser
» l'autre, accepte d'avance la possibilité de subir le même
» sort (1), ce serait reconnaître à chacun le droit de se faire
» justice à soi-même, lorsque c'est un axiome fondamental de
» notre droit public que la justice est la dette du pays tout
» entier... » (2), reconnaît avec une haute sagesse que les
blessures ou l'homicide commis en duel constituent un délit
ou un crime, tombant d'après le droit commun sous le coup

(1) Ce sont les termes d'un arrêt de la Cour royale d'Orléans, du 17
février 1845.

(2) Ce sont les termes de l'arrêt de la Cour de Cassation du 25 mars 1845.

de la loi pénale, et qu'on ne saurait invoquer en pareil cas la nécessité de la légitime défense. Cette théorie une fois établie, y a-t-il lieu d'admettre en faveur du duel l'excuse de la provocation?

Le doute pourrait très-bien naître de la jurisprudence même de la Cour de Cassation, qui déclare formellement que la provocation violente peut exister « *par la seule menace avec une arme meurtrière approchée du corps* » (1).

Mais je ne trouve pas même un cas d'*excuse* dans le duel.

En effet, je ne vois plus l'excuse de la provocation où je ne vois plus l'altération des facultés morales et le trouble d'une âme qui cesse d'être libre. On a, froidement et de propos délibéré, mis la vie humaine en convention : le duelliste appelle sur lui le coup qui va le frapper. Vous êtes blessé vous-même, dites-vous peut-être, dans ce noble combat où vous avez tué votre adversaire. Qu'importe! Je défie qu'on puisse logiquement puiser un motif d'excuse dans « ces » suicides concertés, qui sont le résultat d'un compro- » mis (2). » Notre solution juridique est conforme à notre conviction morale : Pas de justification, pas d'excuse.

(1) V. ci-dessus.
(2) M. le procureur-général Dupin.

12

TABLE.

Beauvais. — Imprimerie d'Achille Desjardins.

www.ingramcontent.com/pod-product-compliance
Lightning Source LLC
Chambersburg PA
CBHW060606210326
41519CB00014B/3582